KB168850

La vie simple

단순하게 살기

La vie simple

단순하게 살기

초판 1쇄 인쇄 2016년 12월 19일
초판 1쇄 발행 2016년 12월 26일

지은이 샤를 와그너
옮긴이 강서경
펴낸이 한익수
펴낸곳 도서출판 큰나무
등록 1993년 11월 30일 (제5-396호)
주소 경기도 고양시 일산동구 호수로430번길 13-4 (10424)
전화 031-903-1845
팩스 031-903-1854
이메일 btreepub@naver.com
블로그 blog.naver.com/btreepub

값 13,500원
ISBN 978-89-7891-307-2 (03190)

단순하게 살기

인생을 보는 가장 단순한 생각들

샤를 와그너 지음 | 강서경 옮김

서문

고열로 탈진해 목이 바싹바싹 타는 환자는 침상에 누워 꿈을 꿀 것이다. 시원한 개울에 풍덩 뛰어들어 맑은 물을 벌컥벌컥 들이켜는 꿈을. 마찬가지로, 복잡한 세상에 동요하느라 녹초가 되어버린 우리의 정신은 단순함을 꿈꾼다.

단순함, 이 아름다운 이름으로 불리는 것은 영원히 사라져 버린 보물일까? 나는 그렇게 생각하지 않는다. 만약 '단순'이라는 것이 아주 희귀한 시대에만 있었던 무언가 예외적인 사정과 연결된 것이라면, 그것을 오늘날 다시 실현하려는 일은 단념해야 할 것이다. 문명을 그 기원으로 되돌릴 수는 없으니 말이다. 탁한 물결이 이는 강을 오리나무의 가지가지가 비치는 조용하고 작은 호수로 되돌릴 수 없는 것과 같이.

 그러나 단순함은 특수한 경제사회적 조건을 따르는 것이 아니라 수많은 종류의 다양한 생활을 활기차게 변화시킬 수 있는 하나의 정신, 즉 마음가짐이다. 어리석은 우리의 무력함이 단순함을 쫓아내기 전에 우리는 단순한 생활을 결심의 대상으로 삼고, 우리의 에너지를 발산할 목표로 삼을 수 있으리라고 나는 단언한다.

—

단순한 생활을 꿈꾸는 것은, 바로 인간의 가장 고귀한 운명의 완성을 꿈꾸는 일이다. 보다 많은 정의와 보다 많은 빛을 목표로 한 인류의 모든 움직임은, 동시에 보다 단순한 생활로의 움직임이었다. 예술이며 풍속이며 사상에서 엿보이는 고대인의 단순 추구 정신이 그 무엇과도 비교할 수 없을 정도로 가치 있는 것은, 그 단순함 안에 몇 가지 본질적인 감정과 몇 가지 불변의 진리를 힘차게 새겨넣었기 때문이다.

 우리는 단순함을 사랑해야 하고 경건한 마음으로 지켜나가도록 노력해야 한다. 외적으로 단순한 형태에만 치중하고, 정신의 단순함을 실현하는 일은 게을리하는 사람은 진정한 단순함의 길을 100

6

분의 1 정도 온 것에 지나지 않는다. 실제로 우리는 우리의 선조와 같은 형태의 단순함을 가질 수 없다고 해도, 지금도 같은 정신으로 단순할 수 있으며, 단순해질 수 있다. 우리는 선조와는 다른 사잇길을 가고 있지만 인류의 목적은 근본적으로 같다. 범선에 타고 있든 증기선에 타고 있든, 배를 이끄는 것은 언제나 북극성인 것이다.

목적하는 방향으로 가는 일, 이것이야말로 지금이나 옛날이나 똑같이 가장 중요한 일이다. 사실 우리의 생활이 혼란스럽고 복잡해지는 것도 목적에서 종종 떨어져 나왔기 때문이다.

-

단순함에 관한 이런 내면적인 생각을 독자에게도 품게 할 수 있다면, 나의 노력도 쓸데없는 짓은 아닐 것이다. 독자 중 어떤 이는 생각할 것이다. 단순함이 풍속이나 교육에도 스며들어야 한다고. 그러한 사람들은 먼저 자기 자신 안에 이러한 생각을 배양하여, 우리 인간이 인간으로서 사는 것을 막는 습관 중 몇 가지를 희생해야 할 것이다.

너무나도 많은 쓸데없는 것들이, 우리의 마음을 따뜻하고 생기 있게 해주어야 할 진리와 정의와 온정과 이상에서 우리를 격리시키고 있다. 이러한 가시덤불이 우리와 우리의 행복을 덮어준다는 구실로, 우리에게서 빛을 가리고 있다. 우리는 언제가 되어야, 사람의 눈을 속이는 갖가지 유혹에 대하여 "거기 좀 비켜주게나. 해가 들지 않는군." 하고 현자의 답을 흉내 낼 용기를 갖게 될까?

목차

복잡한 삶

—

브랑샤르 집안은 이래저래 정신이 없다. 다음 주 화요일에 딸 이본느가 결혼을 하는데, 오늘이 벌써 금요일이기 때문이다. 결혼 선물을 가져온 방문객들과, 물건을 배송하러온 배달원들이 끊임없이 집안을 드나드는 탓에 하인들은 지쳐서 녹초가 되어버렸다. 결혼을 앞둔 예비부부, 그리고 신부의 부모는 잠시잠깐 집에 머무를 수도 없을 만큼 생활이 말이 아니다. 낮에는 모자 맞춤점, 양복점, 인테리어점, 가구점, 귀금속점, 미술 갤러리에 공구점까지 가야 한다. 거기에서 사무실로, 또 다른 사무실로 분주하게 뛰어다니며 자신의 순서를 기다려야 한다. 그 일이 일단락되면, 각자 자신의 집으로 서둘러 돌아가 약혼식 만찬, 소개의 만찬, 결혼 계약의 만찬,

저녁 모임, 무도회 등에 참석하기 위해 몸단장을 해야 한다. 하루 일과를 마치고 한밤중이 되어서야 돌아오면 집 안 가득 들어찬 물건과 산더미처럼 쌓인 편지 따위를 처리해야만 한다. 축하 편지, 인사 편지, 결혼식 들러리를 부탁했던 아이들에게서 온 거절 편지, 물건을 늦게 보내서 미안하다는 사과 편지…. 잡다한 일들을 모두 처리했다고 생각한 순간에 방해물이 나타나기도 한다. 갑자기 누군가가 죽어서 결혼식에 참석할 수 없다든가, 축가를 불러주기로 한 친구가 감기에 걸리는 바람에 약속을 지키지 못하게 됐다든가 하는 전혀 예측할 수 없는 일들 말이다. 이렇게 되면 처음부터 다시 준비를 해야 한다.

불쌍한 브랑샤르 사람들! 이 사람들은 언제까지고 준비가 끝나지 않을 것만 같다. 모든 것을 생각하고, 모든 것에 대비하고 있었음에도 말이다. 이 사람들은 결혼 준비를 시작하고 한 달째 이 같은 생활을 계속해왔다. 숨을 쉴 새도 없이, 한시도 마음 놓을 겨를 없이, 조용한 말 한마디 나눌 새 없이 말이다. 이것은 도저히 생활이 아니다. 이것은….

하지만 다행히도 브랑샤르 가족에게는 할머니의 방이 있다! 곧 여든 살을 맞이할 할머니는 하루의 대부분을 안락의자에 앉은 채 몽상을 하며 조용함을 즐긴다. 수많은 고난을 넘어 끊임없이 일해

오며 인생에서 획득한 높은 지성과 정 깊은 마음을 가진 할머니는 차분하게 모든 것을 꿰뚫어볼 수 있는 정확함을 가지고 있다.

이 집 안 전체를 휩쓸고 있는 바쁜 폭풍우도 할머니의 방문 앞에 서는 공손히 멎을 수밖에 없다. 할머니가 머물고 있는 별채의 문턱을 밟는 순간 사람들은 소리를 낮추고 조심조심 움직이게 된다.

집 안을 휘감은 소동들을 피하기 위해 예비부부가 할머니의 방으로 도망쳐 오면 할머니는 다정한 손길과 미소로 맞아준다.

"가여운 내 아가들! 왜 그렇게 안절부절못하는 게냐! 조금 쉬면서 둘이 함께 있으면 좋으련만. 함께 하는 시간이 소중한 거란다. 다른 일들은 별거 아니야. 정신을 빼앗길 만한 일이 아니란다."

예비부부는 할머니의 말에 전적으로 동감했다. 실제로 두 사람은 지난 몇 주간 갖가지 관습과 무리한 요구, 무익한 일들을 위해 자신들의 사랑을 희생해야만 했다. 그들 생애에서 가장 결정적인 이 순간에, 본질은 억지로 마음에서 밀어놓고, 수많은 부수적인 것들에 휘둘려 고통을 당했다.

"아가들아, 정말이지 이 세상은 너무도 복잡해졌구나. 이런 세상을 위해 인간이 지금까지보다 더 맞추려고 노력할 필요는 없는 거란다…. 아니, 그럴 때가 아니란다…."

나도 할머니의 의견에 전적으로 동의한다. 사람은 요람에서 무덤에 이르기까지 자신의 욕구나 쾌락 안에서, 또한 세계와 자기 자신에 대한 생각에 있어 수없는 복잡함 안에서 바동거린다. 무엇 하나 단순하게 볼 수 있는 것은 없어지고 말았다. 생각하는 것도, 행동하는 것도, 노는 것도, 죽는 것까지도. 우리는 스스로 많은 '곤란함'을 덧붙임으로써 자신의 생활에서 어느 정도의 쾌락을 덜어내버렸다.

이렇듯 너무도 자연스럽지 못한 생활에 고민하고 있는 이들이 많을 것이라고 확신한다. 그들이 느끼는 불쾌함이 어떠한 것인지를 표현하려고 애쓰고, 그들이 '단순한' 생활을 그리워하며 괴로워하고 있는 것을 격려한다면 그들은 우리에게 감사할 것이다.

우리에게 진리를 보여줄 일련의 사실을 먼저 살펴보자.

복잡한 생활은 물질적 욕구의 다양성에 따라 나타나고 있다. 이 세기가 널리 인정하고 있는 현상 중 하나는, 우리의 욕구가 우리의 부와 함께 증가했다는 사실이다. 이는 그 자체로는 나쁘지 않다. 어떤 욕구가 생기는 것은 실제로 하나의 발전을 나타내기 때문이다. 몸을 깨끗이 하고 싶고, 청결한 속옷을 입고 싶고, 깔끔한 주택에 살고 싶어 하는 등의 일종의 마음가짐을 가지고 자신을 몸을 살피거나 자신의 정신을 가꿀 필요를 느끼는 것이 하나의 증거다. 이처럼 그 발생이 바람직하고 생활에 이로운 욕구가 있는 반면 우리에게 악영향을 미치고 기생충처럼 우리를 파먹으며 존재하는 욕구도 있다. 이러한 나쁜 욕구들은 방자하고 거만한 성질을 가진 탓에 구태여 욕심을 부리며 우리를 아득바득 살아가게 만든다.

만약 고대인에게, 인류는 물질생활을 유지하고 지키기 위해 자유롭게 사용할 수 있는 여러 도구를 가지게 될 거라고 예언한다면 그들은 뭐라고 할까? 고대인은, 만일 그런 날이 온다면 제일 먼저 인간의 독립성이 높아지고 따라서 더욱 행복해지라 생각할 것이다. 또한 경쟁도 줄어들 거라고 생각할 것이다. 또 완성된 환경에서 '단순하게 살며' 보다 높은 도덕성 실현이 가능하리라고 볼 것이다.

그러나 그런 일들은 무엇 하나 일어나지 않았다. 행복도, 사회의 평화도, 선을 위한 도덕성도 조금도 늘어나지 않다. 우선 당신에게 묻고 싶다. 고대인보다도 오늘날 현대인으로서의 당신의 삶에 만족하고, 내일에 대한 확신을 가지고 있는가? 반드시 그래야 하는 어떤 이유를 묻는 것이 아니라 실제로 어떠한지를 묻고 싶은 것이다. 현대인의 생활을 보고 있노라면, 내가 보기에는 대다수의 사람은 자신의 운명을 불만스럽고 여기고, 무엇보다 물질적 욕구를 충족하기 위해 아득바득 살며, 내일에 대한 걱정에 사로잡혀 있는 것처럼 보인다.

사람들이 보다 좋은 음식을 먹고, 좋은 옷을 입고, 좋은 집에서 살게 된 이래로 오늘날과 같이 생활과 식사의 문제가 절실하게 다가온 적은 없었으며, 또한 유일한 문제였던 적도 없었다. "무엇을 먹을까? 무엇을 마실까? 무엇을 입을까?" 하는 문제는 먹을 음식이 없고 몸을 기댈 곳도 없는, 고뇌하며 내일을 맞아야 하는 가난한 이들만의 문제가 아니게 됐다. 물론 가난한 이들에게 이러한 문제는 당연한 것이지만 그들에게 이 문제의 해결법은 매우 간단하다.

　자신이 가진 것에 만족하지 못하고, 부족한 것이 무엇인지 찾아다니며 애태우는 것이 얼마나 우리의 생활을 어지럽히는가를 확인하려면, 당신이 그토록 바라는 '어느 정도 안락한 생활을' 하기 시작한 사람들을 보면 된다. 일례로 만약 당신이 물질적인 장래에 대한 걱정, 이른바 사치스러운 발전에 대해 관찰하고 싶다면 안락한 생활을 하고 있는 사람들 즉 부자를 보면 된다. 단 한 벌의 옷밖에 없는 사람은 어떤 옷을 입을지 고민하지 않는다. 마찬가지로, 내일 무엇을 먹을지 고민하는 사람은 필요한 최소한의 식량만 있는 사람이 아니다.

　인간의 욕구는 주어진 만족에 비례해서 증대한다는 법칙의 필연적 결과로서, 사람은 재물을 가지면 가질수록 점점 더 많은 재물을 원하는 법이다.

＿

불확실한 내일을 맞이할 이들보다, 확실한 내일을 보증받고 있는 사람일수록 앞으로 무엇으로 살아야 할지, 자신과 자신의 아이들이 무엇으로 살아갈지, 어떻게 아이들과 아이들의 아이까지 지켜줄 수 있을지를 고뇌하며 아득바득 살아간다. 그들의 수많은 걱정거리와 고뇌의 범위는 도저히 글로 표현하기 어려울 정도다.

이러한 현상은 여러 사회계층에서 나타난다. 신분에 따라 그 강렬함의 정도가 다르기에, 일반적인 동요에서부터 어떤 굉장히 복잡한 고민에 이르기까지 여러 정신상태가 엿보인다. 이것은 120% 만족하고 있으면서도 불평불만을 갖는 어리광쟁이 아이의 상태라고밖에 표현할 수 없을 것이다.

우리들은 한층 행복해지지도 않았고, 또한 한층 평온해지지도 않았으며, 한층 친밀해지지도 않았다. 어리광쟁이가 된 아이들은 때때로 격렬하게 싸우는 법이다. 사람은 욕구와 욕망이 크면 클수록 주위 사람들과 싸울 기회가 많이 생기는 법이고, 그러한 종류의 싸움은 그 발생원인이 바르지 않은 만큼 집념이 깊은 것이다.

사람들이 당장 빵 한 조각을 차지하기 위해, 생필품을 위해 싸우는 것은 자연의 법칙이다. 난폭해 보일지는 몰라도, 그 잔혹함 안에 하나의 변명이 숨어 있으며, 일반적으로 그 법칙은 초보적 잔혹함에 머물러 있다. 또한 이러한 싸움은 야심이나 탐욕, 불건전한 쾌락에의 갈망 같은 비열한 행위를 인간에게 범하는 일은 없다.

쓸데없는 일이나 야심, 특권, 변덕, 물질적인 향락을 위한 싸움은 원시적 싸움과는 전혀 다른 문제다. 이기주의는 세련되어질수록 한층 유해한 것이 되고 있다. 이러한 까닭으로, 오늘날 사람과 사람 사이에 적개심이 심해진 것이며, 우리의 마음이 오늘날처럼 불안정한 날은 없었다.

—

자신의 탐욕만을 추구하는 사람은 그 탐욕을 증대시키고 배가시키기 때문에, 그 탐욕은 그 사람의 손으로는 더 이상 어쩔 수 없을 만큼 강해진다. 그는 탐욕의 노예가 되어 도덕심과 활기를 잃고, 선을 구별하고 행하는 능력을 잃게 된다. 내적인 욕망의 무정부 상태에 떨어지고, 결국 거기에서 외적인 무정부 상태가 생겨난다. 도덕적 생활이란 자신을 지배하는 것이며, 부도덕이란 욕구나 정념에 의하여 자신이 지배당하는 것이다. 그리하여 차츰 도덕적 생활의 기초가 이동하여 판단의 규범이 한쪽으로 치우치게 되는 것이다.

무리한 욕구의 노예가 된 사람들에게는 소유하는 것이 무엇보다도 뛰어난 선이며, 다른 모든 선의 근원이다. 그렇다. 소유를 위한 격렬한 경쟁에서 사람은 물질을 소유한 다른 사람들을 증오하기도 하고, 소유권이 타인의 손에 있고 자신의 손에는 없다면 그것을 부정하기도 한다. 그렇지만 타인의 소유물에 대한 공격에 열중한다는 것은, '소유'의 비상한 중대함을 인정하고 있다는 새로운 증거다.

사물이나 인간은 결국에는 금전적 가치에 따라, 그로부터 빼낼 수 있는 이익에 따라 평가받게 된다. 무엇도 가져다주지 않는 물질은 어떠한 가치도 없고, 아무것도 소유하고 있지 않은 사람은 그게 누구라도 아무런 가치가 없다. 청빈도 부끄러워해야 할 것으로 통하고, 금전은 비록 부정한 금전이라도 가치 있는 것으로 꼽히게 된다는 것이다. 여기에 반격하는 사람이 있을지도 모른다.

"그렇다면 당신은, 근대의 진보를 한 덩어리로 묶어 던져버리고, 우리들을 데리고 선한 옛날로, 아마도 금욕주의로 거슬러 올라가려고 합니까?" 물론 결코 그런 것은 아니다. 과거를 거슬러 올라가려는 것은 꿈 중에서도 가장 무익한 꿈이며, 또한 무엇보다 위험한 꿈이다. 잘사는 기술이란 생활에서 물러서는 것이 아니다. 단지 우리들은 사회의 진보 중 가장 무겁게 짓누르는 잘못 하나를 확실히 하여, 그 잘못을 고치는 방법을 찾고자 노력해야 한다는 것이다.

그 잘못은, 인간은 외적인 복지의 증대로 한층 행복해지고 한층 좋아진다는 잘못된 생각이다. 이러한 사회적 공리만큼 잘못된 것은 없다. 오히려 균형 잡히지 않은 과도한 물질적 혜택으로 인해 이를 받아들이는 힘이 약해져서 사람들의 성격이 추락해가는 현상이 수많은 예로 증명되었다. 하나의 문명의 가치 여하는 그 중심에 서 있는 인간의 가치 여하에 달려 있다. 인간이 도덕적 방향에서 벗어나게 된다면 그 어떤 진보도 결국은 병환이 더해져서 사회의 여러 문제들을 더욱 복잡하게 만들 뿐이다.

-

이 원리는 다른 영역에서도 검증할 수 있다. 여기에서는 교육과 자유의 영역에 대해서만 이야기해 보자.

사람들을 귀 기울이게 했던 예언자들이 그 옛날부터 동맹한 세 개의 힘, 즉 빈곤과 무지와 압제를 무너뜨리면 나쁜 현재를 신들의 나라로 바꿀 수 있다고 주장하던 시대를 떠올려 보자. 분명히 '빈곤'이 줄어들었음에도 불구하고, 인간은 한층 나아지지 않고 한층 행복해지지도 않았다는 것은 우리들이 먼저 살펴본 그대로이다.

교육을 받아 '무지'를 벗어난 결과로 어느 정도는 우리의 삶이 달라졌다고 할 수 있을까? 지금까지를 돌아보면 그렇게 생각되지 않는다. 사실 이것이야말로 국민 교육에 종사하고 있는 사람들의 걱정의 씨이며 고뇌다. 그렇다면 다시 민중을 어리석게 만들고, 일반 교육을 폐지하고, 학교를 폐쇄해야 할까? 그렇지 않다. 교육도 단지 우리 문명의 모든 기관과 마찬가지로 하나의 도구에 지나지 않는다. 모든 것은 그것을 이용하고 움직이는 손의 여하에 달려 있다.

'압제'에서 벗어난 자유도 마찬가지다. 자유는 어떻게 이용하느냐에 따라 재앙의 근원이 되기도 하고 유익한 것이 되기도 한다. 자유는 악인들의 손에 쥐어질 경우에도, 아니 난폭하고 변덕스러우며 불경한 사람에게 쥐어질 경우라도 역시 자유일까? 자유란 원만하고 참을성 강한 내적인 변화에 의해 사람을 숨 쉬게 하는 뛰어난 생활의 분위기다.

모든 생활에는 규범이 필요하지만, 인간 생활에는 하등생물의 생활보다도 더욱 규범이 필요하다. 이는 인간과 제반 사회의 생활은 식물이나 동물의 생활보다도 귀중하고 섬세한 것이기 때문이다. 인간을 위한 규범은 외적인 것이지만, 내적인 것도 될 수 있다. 인간은 내적인 규범을 인정하고 그 규범에 머리를 숙이자마자 존경과 자발적인 복종에 의해 자유를 받아들이기에 적합한 존재가 되는 것이다. 강하고 더할 나위 없이 높은 내적 규범을 가지지 못하는 한, 인간은 자유의 공기를 호흡할 수 없다. 이 공기는 인간을 취하게 하고, 미치게 하고, 정신적으로 죽이기 때문이다.

자기의 내적인 규범에 따라서 자신을 이끄는 사람은 외적인 권위의 규범 밑에서는 살아갈 수 없다. 성장한 새가 껍질 안에 갇혀서는 살아갈 수 없는 것과 같다. 반대로 정신적으로 자기 자신을 지배하지 못한 사람은 자유의 제도 밑에서는 살아갈 수 없다. 새의 태아가 자신을 보호해 주는 껍질을 빼앗기고는 살아갈 수 없는 것과 마찬가지로 말이다.

이러한 사실은 너무나도 자명한 일로, 그 증거는 옛것이든 새로운 것이든 끊이지 않고 늘어가고 있다. 그럼에도 우리들은 이 중요한 규범을 구성하는 여러 요소들을 여전히 오인하고 있다. 자기의 내적 규범을 따르는 진정한 자유를 실제로 체험하고, 때에 따라서는 어쩔 수 없이 보게 됨으로써 이 자유의 진리를 이해하는 사람들은 우리 사회에 몇이나 될까? 자유란 존경이다. 자유란 자기의 내적인 규범에의 복종이다. 그 규범은 권력자들이 만들어낸 것이 아니고, 군중의 변덕으로 만들어진 것도 아니다. 이 뛰어난 내적 규범 앞에서는 세상의 지도자라 하더라도 머리를 숙이게 된다.

이처럼 자유의 본질이 오인되고 있다면, 자유는 폐지해야 하는 것일까? 그렇지 않다. 단지 우리 자신을 자유를 받아들일 만큼 값

어치 있는 사람으로 만들어야 한다. 그렇지 않으면 공공의 생활은 불가능해지고, 국민은 방종과 규율의 결여로 이성보다 일시적 충동에 의해 좌우되는 어리석은 대중들의 정치판에서 복잡하고 어지러운 상태를 향해 나아갈 것이다.

-

우리 사회의 생활을 어지럽히고 복잡하게 하는 특수한 여러 원인들을 전부 하나의 일반적 원인에 귀속시킬 수 있다. 그 일반적 원인이란 즉, 부수적인 것과 본질적인 것을 혼동하는 것이다. 복지, 교육, 자유, 요컨대 문명 전체는 그림을 끼운 액자와 같은 것이다. 액자가 곧 그림이 아니라는 사실은, 승복이 스님이 아니고, 제복이 군대가 아닌 것과 마찬가지다. 그림은, 여기서는 인간인 것이다. 액자를 손질해 아름답게 꾸미고 있는 사이에, 사람들은 중요한 그림을 잊어버리고 소홀히 하여 망가뜨리고 만다. 결국 우리는 외적인 재화를 무턱대고 받아들이고 있으면서도 정신생활은 참담한 것이다.

　엄밀히 말하면, 우리는 없어도 살 수 있는 재물은 충분히 가지고 있으면서 필요한 단 하나의 것에 대해서는 한없이 빈궁하다. 이 때문에 우리의 깊은 존재가 눈떠 사랑하고 싶다, 희망하고 싶다, 자

신의 운명을 성숙시키고 싶다는 욕구가 일어나면, 우리의 깊은 존재는 생매장당한 사람처럼 고뇌를 느끼는 것이다. 우리의 위에 걸터앉아 공기와 빛을 빼앗는 부수적 생활의 퇴적 밑에서 숨이 막힐 것처럼 말이다. 진정한 생활을 되찾아 해방되고, 또 원래대로 진정한 생활을 명예 있게 하고, 모든 것을 있어야 할 그 자리에 두고, 인간 진보의 중심은 윤리적 교양에 있다는 사실을 생각해내야 한다.

좋은 램프란 어떤 것일까? 멋들어진 장식이 있는 것도 아니고, 가장 잘 조각된 것도 아니며, 귀한 금속으로 만들어진 것도 아니다. 좋은 램프란 잘 비추는 램프다. 마찬가지로, 사람이 인간이고 시민인 것은, 스스로에게 주어진 재물이나 쾌락의 수에 있는 것이 아니고, 지적·예술적 교양에 있는 것도 아니며, 추앙받고 있는 명예나 독립에 의한 것도 아니다. 인간이 가진 윤리적 기질의 견고함에 있는 것이다. 이는 오늘날의 진리이자 모든 시대를 꿰뚫는 진리다.

어떠한 시대에서도 인간은 기지와 지식으로 외적인 여러 조건을 실현시켰다고 해서 자신의 내적상태를 모른 체할 수는 없었다. 세계는 우리의 주위에서 변화하고, 생활의 지적·물질적 인자는 형태가 변한다. 누구 한 사람 그 변화에 거스를 수 없고, 그 변화의 급격한 성격은 때로 위험하기도 하다. 그러나 가야 할 길이 어떠할지라도 목적을 향해 걷기 위해서는, 샛길로 빠져 길을 잃거나 필요 없는 짐 때문에 애먹어서는 안 된다. 여행자가 자신의 방향과 자신의 힘, 자신의 명예에 주의하는 것처럼 말이다. 진보한다고 하는, 본질적인 것에 보다 잘 몸을 바칠 수 있도록, 가령 얼마간의 희생을 치르더라도 자신의 짐을 단순하게 만들기를 바란다.

단순함이란

—

"단순함으로 돌아간다"는 것이 실제로 무엇을 의미하는지 이야기
하기 위해서는 우선 단순함의 원리를 정의할 필요가 있다. 왜냐하
면 단순함을 정의하는 데 있어서도 '부수적인 것을 본질적인 것과
혼동'하고, '근본을 형식과 혼동'하는 잘못이 일어나고 있기 때문이
다. 우리는 단순함이라는 것이 어떠한 외적 특징을 가지고, 그 특
징에 의해 그것이라고 알 수 있고, 그 특징이야말로 존재하는 것이
라고 생각하곤 한다. 단순함은 그저 보통 사람, 수수한 옷차림, 호
화롭지 않은 집, 중간의 삶, 가난 같은 것들과 일치하는 것처럼 보
인다고 말할 수는 없는 것이다.

　내가 길에서 만난 세 사람의 남자 중에서, 첫 번째 사람은 차에

타고, 두 번째 사람은 걷고, 세 번째 사람은 맨발로 서 있다고 하자. 이 중 마지막 남자가 세 사람 가운데 가장 단순한 사람이라고 단정 지을 수는 없다. 실제로는 차에 타고 있는 첫 번째 남자는 무척 높은 지위에도 불구하고 단순함을 추구하기에 자신의 부의 노예가 아닐 수도 있다. 마찬가지로, 걷고 있는 두 번째 남자는 차에 타고 있는 남자를 부러워하지 않고, 맨발로 서 있는 남자를 경멸하지 않을지도 모른다. 마지막으로 세 번째 남자는 누더기를 걸치고 먼지 속에 발을 끌고 다닌다 해도, 단순함이나 노동이나 절식을 증오하고 안이한 생활과 향락을 꿈꾸고 아무것도 하지 않고 놀고먹기를 바랄지도 모른다.

인간 가운데 가장 단순하지 않은 사람을 예로 들어보면 구걸만으로 사는 인간, 사기꾼, 남한테 붙어 기생하는 인간 등 아첨하거나 시샘하는 무리 전부를 들지 않을 수 없다. 이러한 패거리들의 소원은 다른 행복한 사람들이 소비하고 있는 것을 가로채 가능한 한 크게 한몫 잡으려는 것이다. 또한 어떤 환경에 속하는가와 상관없이 역시 이 범주에 집어넣어야 하는 사람은 야심에 찬 인간, 간사하고 꾀가 많은 인간, 무르고 약한 인간, 구두쇠, 교만한 인간, 극단적으로 세련된 인간이다. 외형의 여하는 문제가 아니다. 마음을 보아야한다. 어떤 계급이 단순함이라는 특권을 가지고 있는 것이 아니며,

어떤 복장도, 나아가 아무리 검소하게 보인다고 해도 단순함을 추구하는 확실한 징표는 아니다.

단순함이 있는 곳이라고 반드시 다락방은 아니며, 또한 오두막집도 아니다. 고행자의 밀실도 아니고, 가난한 어부의 배도 아니다. 생활의 모든 형식에서, 모든 사회적 지위를 통하여 상층과 하층의 구별 없이 단순함을 추구하는 사람들과 그렇지 않은 사람들이 있다.

단순함은 외형의 징표를 가지는 것이 아니라고 했지만 사실 어떠한 특별한 고유의 특징도 가지지 않는다고 할 수는 없다. 다만 단순함에서 빌려올 수 있는 외형의 어떠한 형태와 단순함의 본질을 혼동하면 안 된다는 것이다. 단순함의 근원은 완전히 내적인 것이다. 단순함이란 하나의 정신상태다. 단순하게 살아가려는 마음은 힘이 넘치고 생기 있게 살아가고픈 마음이다. 어떤 사람에게 있어 가장 큰 걱정거리가 자신의 존재에 대한 탐구일 때 그가 단지 단순하게 '인간'으로서 존재하고자 한다면 그는 단순한 사람이다.

인간으로서 존재하는 것에 대해 '쉬운 일이다' 혹은 '불가능한 일이다'라고 생각할지 모른다. 하지만 그만큼 쉬운 일도 아니고, 그만큼 불가능한 일도 아니다. 요컨대 단순하게 살기는 자신의 이상과 실제 행동을 존재의 법칙에 일치시키는 것, 따라서 우리를 존재하

도록 하는 '불변의 의도'와 일치시키는 것에 있다. 꽃은 꽃, 제비는
제비, 바위는 바위이기를 바라는 것, 그리하여 인간은 인간이어야
지 여우나 토끼, 맹수나 돼지여서는 안 된다는 것, 이것이 전부다.

이처럼 서술해 가자니, 인간의 실질적 이상이 무엇인지 언급하지 않을 수가 없다.

모든 생물의 생활에서는 어떠한 목적을 위해 일정량의 힘과 물질이 결합되어 있는 것을 볼 수 있다. 많든 적든 간에 여러 재료가 섞이고 변형되어 보다 구조를 갖춰 상위의 단계로 향한다. 인간 생활에서도 마찬가지로, 결국 인간의 이상은 삶을 '삶 자체보다 더 위대한 보물'로 바꾸는 것이리라.

한 예로, 인간의 삶을 원재료로 생각해보자. 원재료 자체는 거기에서 빼낼 수 있는 것만큼 중요하지는 않다. 예술품과 같이, 평가되어야 할 것은 원재료 자체가 아니라 예술가가 예술품에 무엇을 담았느냐 하는 것이다.

우리는 여러 가지를 부여받고 태어난다. 어떤 이는 황금을, 어떤 이는 화강석을, 또 다른 이는 대리석을, 그리고 대부분의 사람은 목재나 점토를 부여받는다. 우리의 임무는 부여받은 원재료를 가공하는 데 있다. 누구라도 알고 있는 것처럼, 우리는 가장 귀중한 물질을 잃을 수도 있지만, 또한 가치 없는 원재료에서 불멸의 작품을 창조할 수도 있다.

예술이 영원한 이상을 형태로 표현한 것이라면 진정한 삶은 뒤어난 보물의 종류, 즉 정의, 사랑, 진리, 자유, 나아가 도덕을 실천하는 것에 있다. 그 일상의 활동 장소나 외형이 어떠한 것일지라도 말이다. 그리고 그 같은 삶은 어떠한 사회적 조건에서도, 타고난 재능이 아무리 다르다고 해도 가능한 일이다. 삶에 가치를 부여하기 위해 필요한 것은 시대나 개인이 가진 우월함이 아니라, 우리가 그 원재료에서 무엇을 끄집어낼 수 있는가이다. 순간의 반짝임은 한낮의 시간을 늘리지 못한다. 중요한 것은 질이다.

이러한 관점을 가지는 데는 노력과 투쟁이 필요하다. 단순함의 정신은 우리가 물려받는 재산이 아니라 부지런히 정복해나갈 때 그 결과물로 나타난다. 바르게 산다는 것은, 바른 생각을 하는 것과 마찬가지로 단순화하는 것이다. 누구라도 알고 있는 것처럼, 과학은 복잡하게 뒤엉킨 여러 경우의 수에서 몇 가지 일반적 법칙을 끄집어내는 것이다. 그 법칙을 발견하기까지 얼마나 오래 어둠 속을 더듬어야 했을까. 가끔 수 세기 동안의 탐구가 하나의 원리에 귀결되는 일도 있다. 도덕적 생활은 이러한 점에서 과학자의 삶과 무척이나 닮아 있다.

도덕적 생활은 처음에는 일종의 혼돈 상태에 있어서 스스로를 시험하고, 자기 자신을 찾아 헤매고, 걸핏하면 잘못한다. 하지만 인간은 여러 가지를 시험해보고, 자신이 왜 그렇게 행동했는지 진지하게 사유함으로써 삶이라는 것을 보다 잘 알게 된다. 규범이 보이기 시작하는 것이다. 그 규범이란 자신의 사명을 다하는 것이다. 자신의 사명을 다하는 것 외에 다른 목적을 실현하는 데 열심인 사람은 살아 있지만 삶의 존재 이유를 잃은 사람이다. 이기주의자, 술·여자·도박에 빠진 도락가, 욕망가가 그러하다. 그들은 생활을 소비한다. 아직 이삭도 나지 않은 보리를 먹는 사람들처럼 그들은 삶이 열매 맺도록 두지 않는다. 그들의 삶은 잃어버린 삶이다. 이에 반해 삶을 뛰어난 보물로 만들기 위해 봉사하는 사람은, 삶을 바침으로써 삶을 구하는 사람이다.

표면밖에 볼 수 없는 사람의 눈에는 독선적으로 보여지고, 우리의 열렬한 생의 욕구를 방해하는 것처럼 느껴지는 도덕적인 여러 교훈들도 그 목적은 단 하나다. 즉 무익하게 사는 불행에서 우리를 구하기 위함이다. 우리를 같은 방향으로 끊임없이 돌려놓으려는 그 교훈들은 사실 모두 같은 의미를 내포하고 있다.

"당신의 삶을 낭비하지 마라! 네 삶을 살아 열매를 맺도록 하라!"

"삶을 수포로 만들지 않기 위해 삶을 희생하는 법을 알라."

이 말에 인류의 경험이 요약되어 있다. 인간이 각자 반복할 수밖에 없는 이 경험은 비싼 희생을 치를수록 자신에게 귀중한 자산이 된다.

이 경험을 통해 얻은 깨달음으로 우리의 도덕적 발걸음은 한층 확실해진다. 또한 어떻게 행동해야 하는지를 알고 자신만의 내적 규범을 갖추게 된다. 지금까지는 불확실하고 뚜렷한 목표 없이 복잡했던 사람이 단순한 사람이 된다. 내적 규범은 현실세계에서 검증받으며 내면에서 점차 커져나가 자기에게 부단한 영향을 미치며 판단하는 것, 습관처럼 행동하는 것에 변화를 불러일으킨다.

-

진리나 정의, 온정을 위한 인류의 투쟁 등의 진정한 삶의 아름다움은 우리의 마음에 머물러 쉽게 잊히지 않는다. 그 강렬하고 지속적인 매력에 다른 어떤 것보다 우선적으로 진정한 삶을 추구하게 된다. 권력과 힘의 필연적인 계층구조도 각자의 안에서 조직된다. 본질적인 것이 명령하고, 부수적인 것은 복종하게 된다. 단순함에서 질서가 생겨난다.

군대는 규율에 의해 강해진다. 규율은 하급자가 상급자에 존경심을 가지고, 모든 에너지를 하나의 목적에 집중하는 데 있다. 규율이 느슨해지면 군대는 무너진다. 소대장이 장군에게 명령할 수는 없는 법이다. 당신의 삶, 타인의 삶, 사회적 삶을 주의 깊게 검토해보라. 무언가 상태가 나빠지거나 삐걱거리는 것은 그리하여 혼란과 무질서가 생기는 것은, 소대장이 장군에게 명령을 했기 때문이다. 단순함의 규범이 사람들의 마음에 스며들면 무질서는 사라진다.

나는 단순함을 그에 걸맞은 방법으로 단순하게 전달하고 싶지만 도저히 그렇게 할 수가 없다. 세상의 모든 힘과 모든 아름다움, 모든 참된 기쁨, 우리에게 위안을 주는 희망을 늘리는 것, 우리의 어두운 샛길에 얼마만큼의 빛을 던져주는 것, 우리의 쇠약한 생활을 넘어 무언가 숭고한 목적과 광대한 미래를 우리에게 예견해주는 것, 이러한 것들은 전부 단순한 사람들이 우리에게 가져다준 것이다. 이기주의와 허영을 통한 일시적 만족을 바라지 않고, 자신의 욕망에 다른 목적을 덧붙이고, 삶을 바침으로써 삶을 구한다는 것을 너무나도 잘 이해하고 있는 단순한 사람들이….

단순한 생각

—

우리 생활의 실질적인 현상뿐 아니라, 우리의 생각 또한 정리할 필요가 있다. 우리의 생각은 무정부 상태에 있다. 한없이 자질구레한 것들 안에서 길을 잃고 헤매며, 나침반도 없이 방향을 정하지 못한 채 가시덤불의 한가운데를 걷고 있다.

인간에게는 목적이 있고, 그 목적이 인간다운 인간이 되는 것임을 인정한다면 우리는 그 목적에 맞게 자신의 생각을 정리해야 한다. 인간을 보다 좋은 인간으로, 보다 강한 인간으로 만들어주지 않는 불건전한 생각이나 이해나 판단 등은 물리쳐야 한다.

가장 먼저 우리의 생각을 장난감처럼 가지고 노는 나쁜 습관을 피해야 한다. 생각은 전체로서 그 기능을 지니고 있는 하나의 참된 도구이지, 장난감으로 취급돼서는 안 된다. 예로, 화가의 아틀리에가 있다고 하자. 여러 가지 도구가 각각의 장소에 있다. 이 도구들은 하나의 목적을 위해 진열되어 있는 것이 명백하다.

아틀리에의 문을 원숭이들에게 개방한다면? 원숭이들은 작업대 위에 올라가고, 그림 도구를 핥고, 초상화의 배 속에 무엇이 있는지 보려고 화폭에 구멍을 뚫을 것이다. 원숭이들은 이러한 행위를 아주 재미있어할 것이다. 하지만 아틀리에는 원숭이들을 위한 공간이 아니다. 마찬가지로, 우리의 생각은 곡예를 하기 위해 존재하는 것이 아니다. 인간다운 인간은 그저 존재하고 사랑하기 때문에 생각한다. 즉 마음으로 생각하는 것이다. 모든 것을 보고 모든 것을 알고 싶다는 구실을 내세우며 참된 행위로 이어지지 않는, 건전한 깊은 감동은 결코 느낄 수 없는 그저 위험에 빠지기 일쑤인 호기심으로 생각하는 것이 아니다.

우리의 부자연스러운 삶에 붙어 있는 급히 바로잡아야 할 하나의 습관은 '어떤 일에 있어서든 자신을 점검하고 분석하는 미친 습관'이다. 인간에 대한 내적 관찰과 의식 점검에 관심을 두지 말라는 이야기가 아니다. 자기 정신과 자기 행위의 여러 동기를 확실히 살피려고 노력하는 일은 훌륭한 삶의 요소의 하나이다. 그러나 의심이 많은 것은 그것과는 별개다. 끊임없이 자신이 살고 생각하는 것을 관찰하고, 기계 장치인 양 자기 자신을 점검하고 분석하는 일은 그것과는 별개인 것이다. 이러한 일은 시간을 허비하는 것이며, 자기 자신을 미치게 하는 것이다.

걷기 준비에 힘쓴 나머지, 먼저 자신의 운동수단인 다리의 해부학적인 면밀한 검토에 몰두하는 사람이 있다면, 그 사람은 단 한 발자국을 떼기도 전에 무너져 버리고 말 것이다. "당신은 걷기에 필요한 것을 갖고 있다. 당장 걷기를 시작하는 것이 좋다! 넘어지지 않도록 조심하고, 당신의 힘을 적당히 이용하는 것이 좋다." 작은 일에 집착하는 사람이나 지나치게 조심스러운 사람은 무엇도 하지 못한다. 인간이 자신의 배꼽만 바라보며 살도록 생기지 않았다는 것은, 양식의 빛에 비추어 생각하는 것만으로 알 수 있다.

-

양식. 이 단어로 설명되는 것들도 예로부터 전해지는 좋은 풍속처럼 점점 드물게 느껴지지 않는가? 오후 두 시가 돼서야 정오를 찾듯 사람들은 양식을 낡아빠진 것으로 치부하고, 다른 것을 찾게 되었다. 평범한 사람은 흉내 낼 수도 없는 기이함을 찾고, 대중 속에서 돌출되는 것은 너무나도 유쾌한 일이기 때문이다! 자신이 가진 여러 수단들을 이용해 행동하는 것이 아니라, 놀랍고 엉뚱한 일을 벌이려고 한다. "단순한 선을 더듬을 바에는 차라리 탈선하는 게 낫다!"는 것이다.

정직한 양식의 길에서 벗어나려고 우리는 이유도 없이 등을 굽히고 몸을 비틀며 골반을 빼고 있다. 그것은 정형외과에서 취급하는 어떤 골절이나 어떤 육체의 기형에서도 상상할 수 없을 정도다. 그리하여 우리는, 비뚤어지면 벌을 받지 않고는 지나칠 수 없다는 것을 쓰라린 경험을 통해 배운다. 신기한 것들은 이룰 수 없는 것들이다. 영원히 계속되는 것은 진부한 것들이다. 진부한 것으로부터 멀어지면 위험에 처한다. 위험한 모험에서 돌아서서 다시 원래대로 단순해질 방법을 알고 있는 사람은 행복해진다.

단순한 양식은 많은 사람들이 상상하는 것처럼 태어나면서부터 누구라도 갖춘 특질은 아니다. 누구라도 간단히 손에 넣을 듯한, 속되고 당연한 짐은 아니다. 단순한 양식은 예를 들면, 대중의 마음에서 나왔다고 생각되어질 만한, 작가를 알지 못하는 불멸의 오래된 동요와 같은 것이다.

양식은 몇 세기의 근면에 의하여 서서히 고생하며 축적된 자본이다. 그것은 순수한 보물이며, 그 가치는 그것을 잃은 사람만이 또는 그것을 결국 지니지 못한 이들의 삶을 목격한 사람만이 알 수 있다.

양식을 손에 넣고 그것을 계속 지닐 수 있다면, '양식'의 눈을 흐리지 않게 하고, '양식'의 판단을 똑바르게 유지할 수 있다면 나는 어떤 고생을 하더라도 고생이라고 생각하지 않을 것이다. 사람은 자신의 칼이 꺾이거나 녹슬지 않도록 깊이 주의해야 한다. 하물며 자신의 생각은 더욱 소중히 다루어야 할 것이다.

—

여기서 정확히 이해하고 넘어갈 것이 있다. 양식은 평범하고 세속적인 속된 생각이 아니라는 사실이다. 자신이 볼 수도 없고 만질 수도 없는 일체의 것은 부정하는 편협한 실증주의도 아니다. 인간이 물질에 빠지고, 내적 세계의 여러 높은 현실을 잊는 것 또한 양식의 결여 때문이다. 여기에서 잠시 그것을 둘러싼 인류의 최대 문제들이 격렬하게 논의되고 있는 하나의 애처로운 사항에 대해 언급하겠다.

우리는 실제로 삶에 대한 하나의 생각에 도달하고자 투쟁하고 있고, 그 생각을 무수한 애매모호함과 무수한 괴로움을 통해 찾고 있다. 그리하여 정신적 현실에 관한 일체의 것들은, 하루하루 더욱더 우리에게 고뇌의 씨앗이 되고 있다. 생각의 커다란 위기들과 함께 일어나는 중대한 장애나 일시적인 혼란을 몇 가지 간단한 원리로 잘 빠져나가는 것은 아직까지는 어려운 일인 듯 보인다. 그렇다고 해도 어떻게 해서든 빠져나가야만 한다는 그 필요가 우리를 구해준다. 모든 시대의 사람들을 구해주었던 것처럼 말이다.

우리 삶의 프로그램은 무서우리만치 단순하다. 생존은 눈앞에 다가와 있으며, 싫든 좋든 생존해야만 한다. 이는 생존 그 자체가 우리에게 알려주고 있는 것이다. 즉 생존이란 우리가 품을 수 있는 생각에 앞선 것이며, 누구라도 살기 위해서는 삶이 무엇인지 이해되기까지 기다릴 수만은 없다.

우리는 어디서든, 우리의 수많은 철학이나 설명이나 신념에 의해 이미 정해진 사실에 직면한다. 그리고 그 놀랄 만한, 부정할 수 없는 사실이야말로 우리에게 질서를 되찾게 해준다. 이것은 고마운 '필요'이므로 인간이 자기의 길을 의심할 때도 이 '필요'가 있음으로써 이 세계는 정지하지 않는 것이다. 단지 하루의 여행자인 우리는 넓은 세계의 움직임 안에 휘말려서, 그 움직임에 공헌하는 사명을 부여받았다. 그러나 그 움직임은 우리가 예견했던 것도 아니고, 전체를 파악한 것도 아니며, 궁극의 목적을 계측한 것도 아니다. 우리가 해야 할 일은, 우리에게 할당된 일개 졸병의 역할을 충실히 완수하는 것이므로, 우리의 생각은 그 지위에 적당한 것이어야 한다.

　우리의 선조 때보다 시대가 우리를 더 곤란하게 한다는 말 따위는 하지 말자. 무엇에도 치우치지 않고 멀리에서 보면 그 진상을 바로 보기 어려우며, 게다가 조부의 시대에 태어나지 않았다고 투덜거리는 것은 칭찬할 만한 일이 아니다. 이 문제에 대해서 논할 여지가 없는 것은, 세계가 열리기 시작한 이래 사물을 정확히 정하는 일은 곤란했다는 것이다. 어디에서든 어느 시대에서든 바르게 생각하는 것은 어려운 일이었다. 이 점에서는 고대인도 현대인보다 나은 어떤 특권도 갖지 않았다.

　그리하여 그 경지에서 인간을 보게 되면, 인간 사이에서는 어떤 상위도 없다고 덧붙일 수 있다. 복종하든 아니면 명령하든, 생각하든 아니면 배우든, 붓을 들고 있든 아니면 채찍을 들고 있든 진리를 확연히 구분하는 것은 인간에게는 한결같이 힘든 일이다. 인류가 진보함으로써 손에 넣을 수 있는 몇 가지 광명은, 의심할 것도 없이 인간에게는 지극히 유용한 일이다. 하지만 그것은 또한 문제의 수와 범위를 크게 하는 일이기도 하다. 곤란은 결코 피할 수 있는 것이 아니다. 항상 지성은 장애에 부딪힌다. 미지의 것이 도처에서 우리를 지배하고, 우리를 끌어안는다. 그러나 갈증을 해소하기 위해 모든 샘물을 전부 퍼낼 필요는 없는 것처럼, 살기 위해서

전부를 알 필요는 없다. 인류는 어느 정도의 간단한 식량으로 살아

가고 있으며, 또한 언제나 그렇게 살아왔다.

—

인류의 식량에 대해 말해보면, 우선 제일 먼저 들 수 있는 것이, 인

류는 신뢰에 의해 살아가고 있다는 점이다. 인류가 신뢰에 의해 살고 있다는 말은, 모든 생물 안에 무의식적으로 바탕을 이루고 있는 것을, 인류는 의식적인 생각이 허락하는 선에서 반영하고 있다는 말에 지나지 않는다. 세계의 견고함과 세계의 지적인 정돈에 대하여 안정된 신념은 존재하는 모든 사물 안에 잠자고 있다. 꽃이나 나무, 동물들은 평온하고 평안하게 살아가고 있다. 떨어지는 비에도, 아침을 맞이함에도, 바다로 흘러가는 개천에 대해서도 신뢰의 마음이 있다. 존재하는 모든 것은 이렇게 말하는 듯하다. "나는 존재한다. 따라서 나는 존재하지 않으면 안 된다. 거기에는 충분한 이유들이 있다. 안심하고 있자꾸나."

마찬가지로 인류는 신뢰로 살아가야 한다. 존재함으로 인하여 인류는 자기 존재의 충분한 이유와 확신을 자기 안에 가져야 한다. 인류는 인류가 존재하길 원했던 '의지'를 신뢰해야 한다. 이 신뢰를 계속 지니고, 어떤 것에 의해서도 흐트러짐 없이 신뢰를 가꾸고 한층 개인적으로 한층 명백한 것으로 만드는 것이야말로 우리가 집중해야 할 첫 번째 노력이다. 우리 안에 신뢰를 북돋아줄 것이라면 무엇이든 좋다. 왜냐하면 조용한 에너지, 안정된 행동, 인생과 일에 대한 사랑이 신뢰에서 태어나기 때문이다. 근본적인 신뢰는 우리 안에 있는 모든 힘을 움직이는 불가사의한 원동력이다. 그것은 우리를 키워 준다. 인간은 먹는 빵보다 신뢰로 살아가고 있는 것이다. 그러므로 이 신뢰를 흔드는 것은 전부 나쁜 것이다. 그것은 독이지 식량(양식)이 아니다.

인생이라는 사실 그 자체를 공격하여, 그 사실을 나쁜 것이라고 말하는 사상 체계는 모두 불건전하다. 현대에는 너무나도 자주 인생에 관한 나쁜 생각들이 횡행하고 있다. 나무뿌리에 부식제를 뿌려 나무가 말라 죽는다면, 그것이 무슨 불가사의한 일이겠는가? 이 허무의 철학은 실로 간단한 반성으로 족할 것이다. 당신은 인생을 나쁜 것이라고 들었는가? 좋다. 그 나쁜 인생에 대해 어떤 약을 처방하려고 하는가? 당신은 인생을 깨부수고 인생을 없애버리는 것이 가능한가? 나는 당신에게 "당신의 생명을 거두세요, 자살하세요"라고 부탁하지 않는다. 그런 일을 한다고 해서 우리가 무엇을 얻을 수 있을까? 내가 당신에게 부탁하고 싶은 것은, 생명을, 인간의 생명뿐만 아니라 확실하지 않은 하등한 생명의 기초를, 밝은 빛 쪽으로 올라가고 있는 저 모든 생명의 추진을, 아니, 당신의 표현 방식대로라면 불행 쪽으로 돌진하고 있는 저 모든 생명의 추진을 없애 달라는 것이다.

반복해서 말하지만, 내가 당신에게 부탁하고 싶은 것은 광대한 세계에 걸쳐 기쁨에 떨고 있는 생의 의지를, 요컨대 생명의 샘물을 없애 달라는 것이다. 당신은 그럴 수 있는가? 그럴 수 없을 것이다. 그렇다면 그냥 내버려 두어라. 누구 하나 생명에 재갈을 물릴 수 없을 바에는, 사람들로 하여금 생명에 압박을 가하기보다는 생명을 존중하고, 생명을 유용하게 이용할 방법을 배우는 편이 낫지 않겠는가? 어떤 음식이 건강에 좋지 않다는 것을 알고 나면 사람들은 그것을 먹지 않는다. 마찬가지로, 어떤 종류의 생각이 우리에게서 신뢰와 기쁨과 힘을 빼앗는다면 그 생각을 버려야 한다. 그 생각은 우리의 정신에 있어 혐오해야 할 식량일 뿐만 아니라, 잘못된 생각이 확실하기 때문이다. 인간에게 진실은 인간적인 사상뿐이므로, 염세주의는 비인간적인 것이다.

게다가 염세주의에는 도덕성이 결여된 것과 마찬가지 수준으로 겸허함도 결여되어 있다. 인생이라는 이 놀라운 것을 오히려 나쁜 것으로 보려면 인생을 끝까지 지켜본 적이 있거나, 인생을 스스로 만든 적이 있어야 하지 않겠는가. 현대를 사는 어떤 부류의 대사상가들의 태도를 보라. 그 무슨 이상한 태도란 말인가? 실제로 그들은 아주 먼 옛날, 그 젊은 날에 세계를 스스로 창조라도 한 듯이 행동하고 있다. 그러나 그들이 그 염세사상을 실행에 옮기려고 하지 않고, 충분히 오래 살고 있는 것을 보면 그들은 확실히 틀린 것이다.

다른 요리로 우리의 몸을 키우자. 힘을 붙여줄 생각으로 우리의 영혼을 강하게 하자. 인간에게 가장 진실한 것은, 인간을 무엇보다 강하게 만들어준다.

인류는 신뢰로 살아갈 뿐 아니라, 또한 희망으로 살아간다. 희망은 미래를 향한 신뢰의 형태이다. 모든 생활은 하나의 결과이며, 하나의 동경이다. 존재하는 모든 것은, 하나의 출발점을 전제로 하여 하나의 도달점을 향하고 있다. 산다는 것은 이루는 것이며, 이룬다는 것은 동경한다는 것이다. 넓은 세계에 걸쳐서 보이는 '이룬다는 것'은, 한없는 희망 외에 무엇도 아니다. 사물의 밑바탕에는 희망이 있다. 희망이 인간의 마음을 반영해야 한다. 희망 없는 삶은 없다. 우리를 존재하게 하는 그 똑같은 힘이 우리를 격려하며 향상시킨다. 우리를 채찍질하여 진보하게 하는 이 집요한 본능의 의미는 무엇일까? 그 진실의 의미는 이렇다.

즉, 삶에 무언가가 결과로서 나타날 것이라는 것, 삶 그 자체보다 위대한 하나의 보물이 우리의 삶 안에 단계적으로 생겨나서, 그 보물 쪽으로 삶은 서서히 움직여 가리라는 것, 그리하여 인간이라고 불리는 저 가엾은 씨 뿌리는 사람은, 모든 씨 뿌리는 사람처럼, 내일이라는 날을 기약할 필요를 느낀다는 것이다. 인류의 역사는 빼내기 어려운 희망의 역사다. 그렇지 않았다면, 훨씬 옛날에 모든 것이 마지막을 고했을 것이다. 무거운 짐을 짊어지고 걸으며, 어둠 속에서도 헤매지 않고, 쓰러지고 파멸해도 다시 일어나고, 죽음에 임박했을 때마저 자포자기하지 않기 위해 인류는 언제나 희망을 품을 필요가 있었다. 또 때에 따라서는 아무런 소원이 없을 경우라도 희망을 품을 필요가 있었다. 이것이 인류를 지탱해준 강심제인 것이다.

만약에 우리가 윤리밖에 갖지 못했다면, 어디에서든 마지막에 이겨서 의기양양하는 것은 죽음이라는 결론을 훨씬 전부터 끌어냈을 것이다. 그리하여 그 사상을 위하여 죽어버리고 말았을 것이다. 그러나 우리는 희망을 갖고 있기에, 그것을 위해서라도 살고 있으며, 인생을 믿고 있는 것이다.

위대한 신비주의자 조이제는 하나의 감동적인 습관을 가지고 있었다. 그는 누군가 부인을 만날 때마다, 그녀가 아무리 가난하고 아무리 늙은 부인이라고 할지라도 언제나 정중하게 길을 비켜주었다. 길을 비켜줌으로써 설령 자신이 가시 속이나 마차 바퀴자국의 진창에 빠져버릴 경우라 할지라도 말이다. 그는 말했다. "내가 그렇게 하는 것은, 우리들의 성모마리아에게 경의를 표하기 위함일세"라고.

'희망'에 대해서도 이 같은 경의를 표해야 하지 않을까? 우리가 만나는 '희망'이 밭두둑에서 머리를 내미는 보리 순의 형태를 하고 있든, 알을 품어 새끼들을 소중히 키우는 어미 새의 형태를 하고 있든, 몸을 일으켜 세워 움츠린 채 길을 계속 가는 상처 입어 쇠약해진 사람의 형태를 하고 있든, 큰물이나 우박으로 거칠어진 밭을 갈아 씨를 뿌리는 농부의 형태를 하고 있든, 서서히 손실을 보상하기 위해 상처를 치료하는 국민의 형태를 하고 있든 어쨌든 간에, '희망'이 얼마나 보잘것없고 고통스러워 보이는 외관을 드러내고 있든 우리는 '희망'에 경의를 표해야 하지 않겠는가! 전설이나 소박한 노래, 단순한 신앙으로 '희망'과 만난다고 하여도 역시 희망에게 경의를 표해야 하지 않겠는가! 희망은 신의 딸처럼 언제나 변하지 않고, 사라지지 않으며, 영원하다.

그러나 우리는 희망을 가지지 않고 있다. 이상하리만치 현대인에게는 미리 겁먹는 버릇이 있기 때문이다. 우리의 선조에 의하면, 공포 속에서 바보스럽게 느껴지는 생각, 즉 하늘이 떨어져 내리지는 않을까 하는 걱정이 우리의 마음 가운데에 둥우리를 틀게 되었다고 한다. 물방울은 대양을 의심할까? 광선은 태양을 의심할까? 그러한 일은 있을 수 없다. 그럼에도 불구하고 우리의 나이 든 지혜는 잔소리꾼 같은 늙은 학자와 닮아 있다. 젊은 제자들의 쾌활한 장난이나 젊은 혈기의 열광적 모습을 보며 일단 잔소리부터 하는 것을 주된 역할로 알고 있는 늙은 학자 말이다.

지금은 다시 한번 아이가 되어 우리를 둘러싸고 있는 신비로움

앞에 손을 모으고 눈을 크게 뜨는 방법을 배워야 할 때이다. 그리하여 우리의 지혜임에도 불구하고 우리는 아주 조금밖에 알지 못한다는 것, 세상은 우리의 두뇌보다도 크고, 세상은 행복임을 기억해야 할 때이다. 세상이 그렇게 놀라운 것이라면, 세상은 미지의 자원들을 감추고 있을 것이며, 세상을 어느 정도 신뢰한다 해도 비난을 받을 일은 없을 것이다. 채권자들이 변제 능력 없는 채무자를 만나는 듯한 방식으로 세계를 만나지 않도록 하자.

다시 한번 용기를 불태우고, 다시 한번 성스러운 희망의 불꽃을 켜야 한다. 태양은 다시 떠오르고, 대지는 또다시 꽃을 피우고, 새는 둥지를 틀고, 어머니는 자식에게 미소 짓는다. 그러니 인간의 용기를 가져야 하지 않겠는가. 그리고 그 외의 일은 별의 수를 세는 사람인 신에게 맡겨야 하지 않겠는가. 이 환멸의 시대에 용기가 꺾이는 것을 느낀 모든 사람을 향해 말하기 위한 열렬한 단어를 찾아내면 좋으련만. "당신의 용기를 깨워 일으켜, 더욱더 희망을 품게하라. 희망을 품을 대담함이 있는 사람은 잘못할 일이 적은 사람임에 틀림없다. 소박한 희망이라고 할지라도 이론적인 절망보다는 한층 진실에 가깝다."

인류의 길에 있어서 또 하나의 빛의 근원은 선량함이다. 인간은 완전함을 가지고 태어나며 인간을 부패시키는 것은 사회라고 가르치려는 것이 아니다. 인간 개개인의 여러 저속한 본능이나 과거로부터 전해져온 꺼림칙한 것의 퇴적이 그럼에도 우리를 굴복시키지 않는 것은 무슨 까닭일까. 그것은 무언가 다른 것이 있기 때문일 것이다. 그 다른 것이란 바로 선량함이다.

　우리의 머리 위에 우리의 한정된 이성 위에 우리를 고뇌케 하는 모순된 운명의 수수께끼, 거짓말, 증오, 부패, 고통, 죽음 등이 있는 것을 본다면 우리는 어떻게 생각해야 좋을까? 무엇을 해야 할까? 이러한 일체의 질문에 대하여 하나의 위대하고 신비로운 목소리가 답하고 있다. "선량하라"고. 선량함은 신뢰나 희망과 마찬가지로 신에게서 나온 것이 틀림없다. 수많은 힘이 선량함에 반대하고 있음에도 불구하고, 선량함은 소멸되는 일이 없기 때문이다. 선량함은 인간 안의 짐승이라고도 불리는 천성의 흉포함을 그 적으로 가지고 있다. 또한 교활함, 힘, 이해, 망은 등의 적을 갖고 있다. 선량함은 그들 음험한 적들의 한가운데를 어떻게 더럽혀지지 않고 상처도 받지 않고 통과하고 있는 것일까? 성스러운 전설에 나오는 예언자가 울부짖는 야수들 사이를 통과한 것처럼 말이다.

그것은 선량함의 적들은 아래쪽의 것임에 반하여, 선량함은 위쪽의 것이기 때문이다. 뿔이나 치아, 손톱, 사람을 죽이는 불에 타오르는 눈이라도, 높이 날아올라 그들의 손이 닿지 않는 곳으로 도망가는 빠른 날개를 갖고 있는 선량함을 어쩌지는 못한다. 이렇게 해서 선량함은 적들의 계획으로부터 몸을 피하는 것이다. 아니, 선량함은 그 이상의 것을 한다. 선량함은 때에 따라서는 박해자들을 길들이는 아름다운 승리마저 차지해 왔다. 선량함에 야수들이 진정되어 그 발밑에 와서 자고, 그 규율을 따르게 된다.

기독교 신앙의 핵심에서도 가장 숭고한 교의는, 그리고 그 깊은 의미를 통찰할 방법을 알고 있는 사람에게 가장 인간적인 교의는 다음과 같은 것이다. 즉, 추락한 인류를 구하기 위해서 눈에 보이지 않는 신이 인간의 형태를 빌려 우리 사이에 와서 머무르시며, 선량함이라는 단 하나의 증표에 의해서만 자신을 알리려고 했다는 그 교의 말이다.

우리를 보살펴주고, 감싸 안아주고, 불행한 사람에 대해서 아니 심술궂은 사람에 대해서도 자상한 '선량함'은 그 발밑에 빛을 뿌리고 있다. 선량함은 우리를 밝게 해주고, 단순하게 해준다. 선량함이 선택한 역할은 가장 검소한 것이다. 즉 상처를 치료하고, 눈물을 지우고, 비참함을 완화시키고, 상처받은 마음을 달래고, 용서

하고, 화해시키는 것이다. 그러나 우리에게 가장 필요한 것은 바로 그 선량함이다. 그리하여, 우리의 생각이 열매를 맺고, 단순해지고, 인간의 운명에 실로 일치하게 하는 최상의 방법을 다음과 같은 말로 요약할 수 있다. "자신감을 가져라. 희망을 가져라. 인정을 가져라."

심오한 사상가들을 낙담시키고, 미지의 문제나 철학이나 과학의 광대한 심연을 넘보는 이들을 단념시키려는 것이 아니다. 그렇지만 그들은 먼 여행에서 우리가 지금 있는 곳으로, 우리가 확실한 결과도 얻지 못하고 발을 동동 구르고 있는 장소로 언제나 되돌아와야 한다. 인생의 조건이나 사회적 혼잡은 과학자에게도, 사상가에게도, 무지한 사람에게도 똑같이 확실히 알 수 없는 것이 있다. 현대의 우리는 가끔씩 이런 종류의 상황에 직면하고 있다. 우리의 방법에 따르는 사람은, 우리의 방법에는 좋은 점이 있다는 것을 결국 인정할 것이 틀림없다.

지금까지 서술함에 있어서 종교적 기반—어쨌든 종교적인 기반—에 있는 일반적인 것에 언급해왔기 때문에, 좋은 종교에 대한 정의를 간단한 몇 마디로 추려 달라고 하는 사람이 있을지도 모르겠다. 이 문제에 관한 내 의견을 이제 설명해보겠다. 그러나 어쩌면, 늘 사람들이 하듯이 "가장 좋은 종교란 어떠한 것인가?"라고 물어서는 안 되는 것이 아닐까? 여러 종교에는 필시 어떤 종류의 확실한 성격이 있고, 각각의 종교에는 고유의 장점과 결점이 있다. 엄밀히 말하면, 그렇기 때문에 종교를 서로 비교할 수도 있는 것이다. 하지만 그러한 비교에는 언제나 편견이나 무의식적인 불공평이 섞인다. 그것보다도 다른 질문을 내어 "나의 종교는 좋은 종교일까? 그것이 좋은 종교라는 것은 어떤 점에서 구분할 수 있는가?"라고 묻는 편이 좋겠다.

이 질문에 대하여 나는 답한다. "당신의 종교는 좋은 것이다." 만약 당신의 종교가 생기 넘치는 활동적인 것이고, 생활의 가치에 관한 의식과 신뢰, 희망, 선량함을 당신 안에 키워주는 것이라면 말이다. 그렇다면 그 종교는 당신 자신 안의 최악의 부분에 대한 최선의 부분의 동맹자이기 때문에, 새로운 인간이 될 필요를 끊임없이 당신에게 보여줄 것이다. 만약 당신의 종교가 당신에게 고뇌를 구세주라고 이해시키고, 타인의 양심에의 존경을 당신 안에 증대시켜서 용서를 한층 용이하게 하고 행복을 그리 오만하지 않게 하고 의무를 한층 귀중한 것으로 하여 저 세상을 그다지 막막하지 않게 해준다면, 만약 그렇다면 당신의 종교는 좋은 것이다. 사실 얼마나 소박한 것인지, 위에서 서술한 것처럼 역할을 다해주는 것이라면 그것은 틀림없이 진짜 근원에서 나오고 있는 것이다. 그것은 당신을 인간과 신에게 연결시켜주는 것이다.

그러나 만약 당신의 종교가 당신으로 하여금 당신을 타인보다도 우수한 사람으로 생각하게 한다든지, 당신을 성전에 관한 우스꽝스러운 논쟁에 빠뜨린다든지, 당신의 얼굴을 찌푸리게 한다든지, 당신으로 하여금 타인의 양심을 지배하게 한다든지, 당신의 양심을 노예 상태로 떨어뜨린다든지, 당신의 염원을 잠재운다든지, 유행이나 이해관계에서 당신에게 무언가 믿음을 주려 한다든지, 타산에 따라 선을 베풀게 한다든지 하는 것이라면 그때에는 당신이 석가모니를 예로 내세우든, 모세를 예로 내세우든, 마호메트를 예로 내세우든, 또는 그리스도를 예로 내세우든 당신의 종교는 아무런 가치도 없는 것이다. 그것은 당신을 인간과 신으로부터 갈라놓는 것이다.

나는 이렇게 말할 충분한 권력을 가지고 있지 않다. 그러나 나보다도 전에, 나 따위보다도 위대한 다른 사람들이, 그중에서도 특히 질문을 받는 유대의 율법사를 향해 착한 사마리아인의 이야기(누가복음 10장 25절)를 하시던 분이 이것과 같은 말을 하고 있다. 나는 그분의 권위 뒤에서 농성하는 것쯤으로 해두자.

단순한 말

말은 마음을 보여주는 위대한 수단이며, 마음이 드러나는 첫 번째 형태다. 말에는 그 사람의 생각이 담겨 있다는 말이다. 삶을 단순한 방향으로 개조하기 위해서는 말에 주의해야 한다. 말도 생각과 마찬가지로 단순하기를, 말도 성의가 담긴 확실한 것이기를 바란다. "바르게 생각하고 솔직하게 말하라!"

사회적 관계는 서로 간의 신뢰를 기초로 한다. 그리고 그 신뢰는 각자의 성실함에 의해서 키워진다. 성실함이 줄어들면 신뢰는 상처 입고, 사람과 사람의 관계는 손해를 입고, 불안감이 생겨난다. 이는 물질적 이해의 영역에 있어서도 정신적 이해의 영역에 있어서도 진실이다. 끊임없이 경계해야 하는 사람들과는 거래를 하기 곤란한 것과 마찬가지로, 과학적 진리를 탐구한다든지 종교적 이해를 구한다든지 정의를 실현하는 일도 곤란해진다. 서로서로 그의 말이나 의도를 먼저 살펴야 한다면, 그리하여 전부 말하거나 쓰는 일이 진리를 전하는 것이 아니라 상대방을 착각하게 만드는 것을 목적으로 한다면, 우리의 삶은 이상하게도 복잡해진다.

그런데 바로 우리의 경우가 그렇다. 가장 교활한 짓을 하고, 서로 간에 속고 속이는 일에 전념하고 있는 간사하고 교활한 인간이 이 세상에는 너무도 많다. 그러므로 우리는 누구라도, 우리에게 있어서 가장 중요한 물음에 답하기 위해서는 고생을 하지 않으면 안 되는 것이다.

내가 지금 말한 것만으로 내 생각을 알겠는가? 여기에 걸맞은 각자의 경험에 의한 풍부한 해석이 이를 뒷받침할 것이다. 그럼에도 불구하고, 나는 이 점을 강조하고, 예를 들지 않고는 못 배기겠다.

옛날에 인간은 몇 가지 의사전달 수단밖에 갖지 못했다. 정보전달 수단을 완성하고 수를 늘린다면 그만큼 빛이 늘어날 것이라고 상상하는 것도 당연했다. 그렇게 된다면 국민들은 서로를 보다 잘 알게 될 것이고 서로 사랑하는 방법을 배우고, 같은 나라 시민들은 공동생활에 관한 일체의 것을 보다 잘 계몽할 것이기 때문에 보다 긴밀한 동포애로 서로 연결되리라고 생각했을 것이다. 인쇄술이 발명되었을 때, 사람들이 "빛이 있으라!Fiat Lux"라고 외친 것이 대표적인 일화다.

독서습관과 신문을 읽는 취미가 확산되었을 때는 더욱 그러했다. 사람들이 다음과 같이 추론한 것도 무리가 아니었다. "두 개의 빛은 하나의 빛보다도 한층 밝게 비춰주며, 여러 개의 빛은 두 개의 빛보다 한층 밝게 비춰준다. 신문이나 서적이 많으면 많을수록, 세간의 일들을 잘 알 것이다. 따라서 오늘 이후 역사를 쓰려고 하는 사람들은 얼마나 축복받고 있느냐. 그들은 양손 가득 참고자료를 들게 될 것이다"라고 말이다. 실제로 이만큼 명백한 일은 없는 것처럼 보였다. 그런데 슬프게도 이 추론은 도구의 질과 힘이 기초가 된 것일 뿐, 어디에서든 가장 중요한 인자인 인간적 요소는 계산에 넣지 못했다.

궤변가나 교활한 인간, 중상가들, 즉 입심이 세고 말이나 펜을 조작하는 것을 누구보다도 잘 터득한 사람들은 사상을 부풀리고 전파하기 위해 모든 수단을 충분히 이용했다. 그 결과는 어떻게 되었을까? 현대인은 자신들의 시대와 사건에 관한 진실을 아는 것이 아주 곤란해졌다. 근접 국가에 공정한 정보를 주거나 근접 국가를 흑심 없이 연구하고자 하는 시도에 의해 국제적 친선 관계를 길러야 할 몇 개의 신문에 관해 말한다면, 의심과 중상을 흩뿌리고 있는 신문이 얼마나 많은지…. 근거 없는 소문, 사실이나 말의 악의 있는 해석에 의해 얼마나 많은 부자연스럽고 불건전한 조류가 여론 안에서 만들어지고 있는지…. 우리는 국내의 사건에 관해서도 외국에 관한 것과 마찬가지로 크게 아는 것이 없다. 상업이나 공업이나 농업에 관해서도, 정당들이나 사회의 경향에 관해서도, 공개적인 사건에 연루된 사람에 관해서도 정보를 손에 넣는 것은 쉬운 일이 아니다. 신문을 읽으면 읽을수록, 점점 확실한 것이 없어질 뿐이다.

신문을 읽고, 신문이 말하는 것을 그대로 신용한다면, 독자는 다음과 같은 결론을 내릴 수밖에 없는 날이 올 것이다. "확실히 어딜 가든 타락한 사람뿐이다. 청렴결백한 사람으로 남아 있는 것은 몇 명의 기자에 지나지 않는다"라는 결론을 말이다. 하지만 결론의 이 마지막 부분 또한 잘못된 것임을 결국에는 알게 될 것이다. 기자들은 실제로 서로를 뜯어먹고 있다. 그렇게 되면 독자의 눈앞에 '뱀의 쟁투'라고 이름 지어진 희극과 똑같은 광경이 전개될 것이다. 이 극에서 두 마리의 뱀은 자신들 주위의 것을 전부 먹어치운 것도 모자라, 이번에는 서로 상대를 공격하여 먹어치운다. 결국 싸움터에는 두 개의 꼬리만이 남게 된다.

이처럼 당혹스러운 것은 서민만이 아니다. 교양 있는 사람들도 그러하며, 대부분의 모든 사람이 그러하다. 정치에 있어서도, 재정에 있어서도, 실업에 있어서도, 나아가서는 과학·예술·문학·종교에 있어서도 어디에서든 그 내면에 속임수와 흥정이 있다. 두 가지 진실, 즉 밖으로 내보이는 데 그럴듯한 진실과 비밀에 참여하고 있는 사람들을 위한 진실이 있는 것이다. 결과적으로는 모든 사람이 속게 된다. 어딘가 하나의 부엌에 숨어 들어갈 수는 있어도, 결코 모든 부엌에 침투할 수는 없기 때문이다. 가령 가장 교묘하게 다른 이들을 속이는 사람마저도, 타인을 믿어야 할 때에는 이번에는 자신이 속게 되는 것이다.

이러한 수법의 결과로 일어나는 것이 인간의 말의 하락이다. 인간의 말은 우선 첫 번째로, 그것을 비겁한 도구로 조작하는 사람들의 눈에서 하락한다. 상대에게 이기는 것에만 열중하거나 존중해야 할 것은 자신의 이해뿐이라고 자만하는 사람들에게 있어 자신들이 존경하는 '말'이라는 것은 이미 없다. 그러한 무리가 받을 벌은 자기 자신이 따르는 규칙, 즉 "사실이 아니라 이익이 되는 것을 말한다"는 규칙에 의해, 어쩔 수 없이 타인을 판단하기에 이른다는 것이다. 그러한 무리는 이미 누구도 진심으로 대할 수 없다. 이

것은 쓰거나 이야기하거나 생각하는 사람들에게 있어서는 정말 한심한 정신상태. 이 같은 마음으로 청중이나 독자에게 말을 건다는 것은, 그 청중이나 독자를 얼마나 경멸하고 있다는 것일까! 성실함을 항시 지니고 있는 사람들이 보기에 신뢰가 가득 찬 정직한 사람들을 속이려고 하는 문장이나 말은 흡사 곡예사가 받는 야유만큼이나 참기 힘들다. 전자는 신뢰와 성실로 계발하고자 기원하고 있는데, 후자는 그러한 대중을 술책으로 조롱하려 드니 말이다.

그러나 이 거짓말쟁이는 자신의 수법이 얼마나 잘못된 것인지 모른다. 그 거짓말쟁이에 의해 세워진 자본은 사람들의 신뢰다. 그리고 민중의 신뢰에 필적할 것은 없다. 하지만 민중은 배신당했다고 느끼자마자 바로 경계의 마음을 일으키는 법이다. 사실 민중은, 한때는 단순함을 먹이로 하는 사람들을 따라갈지도 모른다. 그러나 잠시 시간이 지나면, 민중의 그 좋은 기분도 혐오로 변한다. 크게 열려 있던 문은 그 무감각한 나무의 얼굴을 향하고, 예전에는 주의 깊게 기울이고 있던 귀도 닫힌다. 슬프게도 그렇게 되면, 귀는 악에 대해서뿐만 아니라 선에 대해서도 닫혀버린다. 바로 이것이야말로, 말을 뒤틀리게 하고 타락시킨 사람들의 죄다. 그러한 사람들은 일반 신뢰를 흔드는 사람이다. 화폐의 가치 하락은 재앙으로 보여지고, 금리하락은 신용 파산으로 보여진다. 그러나 그런 것보다 더 큰 불행은 신뢰의 상실이다. 즉 정직한 사람들이 서로 주고받는, 그리하여 말이 진정한 화폐로서 통용되는, 그 도덕적 신용의 상실 말이다.

진정한 화폐까지도 신용할 수 없게 만드는 위조지폐 제조자, 투기업자, 수상쩍은 실업가를 타도해야 하듯, 거짓된 위언을 하는 이들을 타도해야만 한다. 그들 탓에 사람들은 이미 어떤 일에도 또한 누구도 신용하지 않게 되었다. 말하거나 쓰는 일의 가치는 유령 은행의 지폐 가치와 닮은꼴이 되었기 때문이다.

각자가 스스로 주의하여 말을 아끼고, 문장을 퇴고하여 단순함을 지향하는 일이 얼마나 급선무인지를 알겠는가. 의미를 왜곡하고 에둘러 말하는 짓은 이제 멈추어야 한다! 그것은 모든 것을 엉망으로 만드는 일에만 도움이 되기 때문이다. 인간으로서, 단지 하나의 말을 가져야 하지 않을까. 성실한 한 시간이 권모술수를 부리는 수년보다도 세계의 구원에 공헌하는 일이 더 많은 법이다.

—

프랑스의 국민적 나쁜 습관 하나에 대하여 한마디 하겠다. 이것은 말에 관한 맹신적인 생각을 품고 있어서 문제를 지나치게 중요하게 생각하는 사람들에게 들려주고 싶은 이야기다.

그렇다고 우아한 말이나 세밀한 독서를 귀하게 여기는 사람들을 탓하자는 건 아니다. 나는 우리가 해야 할 말은 아무리 자주 표현해도 지나치는 일이 없다고 생각하는 사람이다. 능란하게 표현하고, 가장 솜씨 좋게 쓰여 있다고 해서 가장 멋지게 치장된 것은 아니다. 말은 사실을 치장하려고 한 나머지 사실을 대신하여 사실을 잊도록 하는 것이 아니라, 사실을 드러내야 하는 것이다.

가장 위대한 말은 단순하게 표현될수록 그 가치가 높아진다. 단순한 표현이야말로 있는 그대로를 드러낼 것이기 때문이다. 작가나 웅변가의 허영으로 불리는, 투명한 하나의 장막이 덮인 듯한 치장한 말들, 진실을 감추는 그림자는 필요하지 않다. 단순한 말만큼 강한 것은 없으며, 단순함만큼 납득할 수 있는 것도 없다. 성스러운 감동이나 비참한 고통, 위대한 헌신, 정열적인 감격의 순간에는 어떤 훌륭한 긴 문장보다도, 하나의 눈빛이나 하나의 몸짓, 한마디 외침이 한층 더 호소력이 있다.

인류가 그 마음에 지니고 있는 가장 귀중한 것은 가장 단순한 것으로만 표현될 수 있다. 사람을 납득시키는 입에서 나오기보다는, 또는 한껏 소리를 질러 선포하기보다는, 단순한 입술이나 나아가 소박한 입술에서 나오는 편이 한층 잘 이해되는 것이다.

이러한 법칙은 우리의 일상생활에도 적용된다. 다음과 같은 원칙을 평소에 지키는 것이, 자신의 도덕적 생활에 있어서 얼마나 이익이 되는가는 누구도 상상할 수 없을 것이다. 그 원칙이란 즉, 공적이든 사적이든 자신의 감정과 확신의 표현에 있어서는 진실하고 겸허하며 단순해야 한다는 것, 그리고 결코 정도를 넘지 않고 우리 안에 있는 것을 충실히 표현하며, 특히 나를 잊어서는 안 된다는 것이다. 이것이야말로 중요한 일이다.

쓸데없이 아름다운 말의 위험은 그 말이 고유의 생명을 갖게 되는 것이다. 예를 들면 묘하게 품위 있는 하인과 같은 것으로, 하인이라고 칭하고 있어도 이미 하인의 역할을 하지 못하는 것이다. 궁정에 자주 그런 예가 있는 것처럼 말이다. "당신은 훌륭히 말을 잘했다. 당신은 멋진 문장을 썼다." 그것만으로 충분하다.

세간에는 말하는 것만으로 만족하고, 말했으니까 행동하지 않아도 된다고 생각하는 사람들이 많다. 그런 사람들의 말에 귀 기울이는 사람들도 그들의 이야기를 듣는 것만으로 만족한다. 이렇게 해서 결국 삶은 말솜씨 좋은 몇 개의 연설이나 묘하게도 아름다운 몇 개의 서적, 훌륭한 몇 개의 각본에 의해서 이루어진다. 그렇게 될 수밖에 없다. 대부분의 사람들은, 그렇게나 당당하게 이야기하던 것을 실행에 옮기는 일에는 생각이 미치지 않는 것이다.

또한 유능한 사람의 영역에서 평범한 사람들의 저급한 영역으로 이동하면, 거기에는 우리가 이 지상에 존재하는 것은 말하거나 듣기 위함이라고 생각하는 사람들이 있다. 그들은 확실하지도 않은 대혼잡 속에서 소란을 피우고 있는 것처럼 보인다. 그들은 어쩔 수 없는 수다쟁이 군중으로 큰 소리로 이야기하거나 재잘거리고, 쓸데없는 말로 장난치면서도, 그래도 아직 이야기가 부족하다고 느끼고 있다. 그들은 모두 잊고 있다. 가장 시끄럽지 않은 사람이야말로 가장 많은 일을 한다는 것을 말이다.

기적을 울리는 데 그 증기를 다 써버린다면 기계를 움직이는 데 필요한 증기는 이미 남아 있지 않게 된다. 침묵을 사용하라. 수다를 줄이면 그만큼 당신의 힘은 커질 것이다.

-

이렇게 생각해 보니, 극히 주의를 끌 가치가 있는 하나의 제목에 대하여 이야기하지 않을 수 없다. 그것은 말의 과장이라는 것이다. 어느 동일 국가의 여러 주민을 연구하여 보니, 그들 주민 가운데서도 기질이 달라서 그 다름이 말투에 드러났다. 이쪽 주민은 냉정하고 부드러운 의미의 약한 말을 사용하는가 하면, 저쪽 주민은 기질이 평형을 이루고 있어서 상황에 딱 맞는 정확한 말을 사용한다. 그러나 더욱 먼 곳에서는, 토지나 공기, 아마도 포도주 탓에 뜨거운 피가 혈관을 맴돌고 있어서인지, 사람들은 뜨거워지기 쉽고 무엇을 말할 때도 과장되고 어울리지 않는 최상급의 표현을 쓰며 어떤 간단한 일을 말할 때도 강한 단어를 사용한다.

말투가 풍토에 따라 다르다고 한다면, 그것은 또한 시대에 따라서도 다르다. 현대의 문어나 구어를 우리나라 역사상의 다른 한 시대의 것과 비교해 보라. 프랑스혁명 이전인 절대왕정체제하에서는 혁명 시대와는 다른 말투가 행해지고 있었고, 현대의 우리는 1830년이나 1848년, 제2제정(1852~1870) 시대의 사람들과 같은 말투를 쓰지 않는다. 말투는 지금은 한층 단순한 형태를 취하고 있으며, 우리는 더 이상 가발을 쓰지 않고, 글을 쓰기 위해 레이스 커프스를 착용하는 일도 없어졌다. 그러나 우리와 선조들 사이에는 하나의 중요한 차이가 있다. 그것은 과장의 원천인 우리의 신경과민이다.

다소 병적인 신경과민인 사람의 말은 평범한 사람의 말과 같은 인상을 주지 않는다. 역으로 이야기하자면, 신경질적인 사람은 자신의 느낌을 말로 표현하는 데 있어 단순한 말로는 부족하다고 느낀다.

일상생활에 있어서든, 공적인 생활에 있어서든, 문학에 있어서든, 연극에 있어서든 차분하고 절제된 말은 과장된 말에 자리를 빼앗겼다. 소설가나 극작가가 대중의 마음을 자극하고 주의를 끌기 위해 이용해온 여러 언어수단은 우리의 흔한 대화에서, 편지글에서, 논쟁에서 미숙한 상태로 또다시 발견된다. 언어에서의 우리의 수단이 균형 있고 침착한 사람의 그것과 비교되듯이 우리의 글쓰기 또한 선조의 것과 비교된다. 잘못된 글쓰기는 펜이 강철로 만들어진 탓이다. 만약 거위 깃털로 만들어진 펜이었다면 잘못은 일어나지 않았을 텐데! 하지만 그 병폐는 더 깊어지고, 그것은 우리 자신 안에 자리 잡았다. 우리는 마치 미친 사람처럼 쓰고 있다. 반면 우리 선조의 펜은 좀 더 평안하고 확실했다. 여기에서 우리는 너무나 복잡하고 너무나 많은 에너지가 소비되는 현대 생활의 결과 중 하나에 직면하게 된다. 즉 현대 생활은 우리를 성급하게 하고, 숨차게 하고, 끊임없이 부들부들 떨게 만들었다는 것이다. 우리의 글쓰기도 우리의 말투와 마찬가지로 이러한 우리의 모습을 있는 그대로 폭로하여 보여준다.

결과로부터 거슬러 올라가 그 원인을 찾아 우리에게 주어진 경고를 이해해야 하지 않겠는가? 말투를 과장하는 습관에서 대체 어떤 좋은 일이 따라오겠는가? 자기 자신의 느낌에 대한 거짓된 연기는 우리 주변 사람들의 마음과 우리 자신의 마음을 왜곡하는 일밖에는 하지 못한다. 말을 과장하는 사람들끼리는 서로를 이해하는 일이 불가능하다. 성마름, 격렬하지만 무익한 논의, 절제가 없는 섣부른 판단, 교육과 사회생활에서 극단적인 과도함 등이 말의 무절제로 인한 결과다.

—

앞서 과장된 말의 결과에 대해 말했다. 그렇다면 말을 단순화하는 데 있어 가장 바람직한 결과를 가져올 만한 바람들을 이야기해 보겠다.

　나는 문학이 단순해지기를 바란다. 무기력하고 지치고 남다름에 피곤한 우리의 영혼을 치료하는 최상의 약으로서뿐만 아니라, 사회적 결합의 수단으로서 기능할 수 있도록 말이다. 나는 또한 단순한 예술을 원한다. 여러 예술과 문학은 교육받은, 부유한 이들의 전유물이라고 여겨져 왔다. 이 말을 오해하지 않았으면 한다. 나는 시인이나 소설가나 화가에게 높은 곳에서 내려와 산의 중턱을 걷고, 평범함을 즐기도록 권하는 것이 아니다. 반대로 그들이 더욱 높이 올라가기를 바란다. 대중적인 것은 보통 사람이라고 불리는 사회의 서민계급에게만 어필하는 것이 아니다. 모든 사람에게 공통적으로, 모든 사람을 묶어주는 것이 바로 대중적인 것이다. 단순한 예술을 창조할 수 있는 영감의 원천은 사람 마음의 깊은 곳에 있다. 내면은 영원히 이어지는 삶의 현실이고, 그런 현실 앞에서 우리는 모두 평등하다. 대중의 말은 기본적인 감정이나 인간 운명을 단순하고 강렬하게 표현할 수 있는 소수의 표현방식에서 구하지 않으면 안 된다. 소수의 표현방식에 진실과 힘, 위엄과 불멸이 있는 법이다.

이상적인 경우, 젊은이들은 아름다움을 찾는 자신 안의 성스러운 불꽃이 내면에서 타오르는 것을 느끼며, 연민을 가지고, "나는 열등한 속된 민중을 증오한다"라고 하는 사람을 깔보는 격언보다는 "나는 대중의 어리석음을 가엽게 여긴다"라고 하는 인간적인 말을 택할 것이다. 나로 말할 것 같으면, 나는 예술적 권위를 가진 사람이 아니다. 그러나 나는 어리석은 대중의 한 사람으로서, 재능을 부여받은 사람들을 향해 이렇게 외칠 권리는 있다. "잊힌 사람들을 위해 일해 주십시오. 별 볼 일 없는 사람에게도 이해받는 인물이 되십시오. 그렇게 되면 당신은 해방과 평화의 업을 이룰 것이고, 거장들이 영감을 퍼올린 여러 샘들을 다시 한번 열게 될 것입니다. 그 거장들의 창작이 시대를 뛰어넘어 지금껏 살아 있는 것은 그들은 천재성에 단순함을 입히는 방법을 알았기 때문입니다."

단순한 의무

—

우리가 무언가 까다로운 주제에 관하여 아이들에게 이야기하면, 아이들은 높은 지붕 위에서 새끼에게 먹이를 주고 있는 비둘기를 손가락으로 가리킨다든지, 또는 건너편 길에서 말을 학대하고 있는 마부를 가리킨다든지 하는 엉뚱한 행동을 한다. 때로는 부모의 머리를 아프게 하는 걱정스러운 질문 하나를 짓궂게 던져놓는 일도 있다. 이러한 행동은 골치 아픈 주제에서 주의를 흐트러뜨리기 위함이다.

이와 마찬가지로, 주어진 의무와 마주하고 있을 때 우리는 그저 커다란 어린아이가 되어버리는 것은 아닌지, 의무에 관한 이야기라면 어떻게든 얼버무리기 위해 몇 개의 도피처를 찾고 있는 것은 아닌지 우려된다.

첫 번째 도피처는, 과연 일반인에게 무언가 의무라는 것이 있기는 한 건지, 또는 그 의무라는 말에 우리 선조의 수많은 착각의 하나가 숨어 있는 것은 아닌지 자문하는 일이다. 요컨대 의무는 자유를 전제로 하고 있으며, 자유라는 문제는 우리를 형이상학의 영역까지 인도하기 때문이다. 자유의지라는 중대한 문제가 해결되지 않는 한, 어찌 의무에 대하여 논할 수 있겠는가? 이러한 의견에 대해서는 이론적으로는 반박의 여지가 없다.

인생이 하나의 이론이라고 한다면, 우리가 살고 있는 이유가 완전한 우주 체계를 만들기 위한 것이라면, 자유를 증명하고 그 조건과 한계를 명확히 하기도 전에 의무에 구애되는 것은 터무니없다.

하지만 인생은 이론이 아니다. 다른 모든 점에서도 그렇지만, 인생은 실천 윤리라는 점에 있어 이론에 앞서 있으며, 인생이 이론에 자리를 양보하는 일 따위는 도저히 있을 수 없다.

우리가 알고 있는 모든 것이 그렇듯 자유는 상대적인 것임을 인정한다. 그럼에도 자유와 그 존재에 대해 의문을 던지는 의무는 우리가 자기와 주위 사람들에 대해 내리는 모든 판단의 기초가 된다. 우리는 각자의 행위와 행동에 관하여 책임을 지는 주체로서 서로 마주하는 것이다.

열정적인 이론가는 그의 이론의 한계를 생각하지 않기에, 타인의 행위에 대해 잘잘못을 가린다든지, 적의 잘못을 세어 늘어놓는 데 조금의 망설임도 없다. 또한 무례한 수법을 쓰는 사람에게마저 아량이나 정의를 호소한다. 우리는 시간이나 공간의 개념을 버릴 수 없는 것과 같이, 윤리적 의무의 개념을 버릴 수 없다. 우리가 뛰어넘을 공간이나 우리의 움직임을 재줄 시간을 정의하기 전에 일단 포기하고 걸어야 하는 것처럼, 깊이 감춰진 윤리적 의무의 근원을 정의하기 전에 윤리적 의무를 따르지 않으면 안 된다. 윤리의 규범을 존중하든 그렇지 않든 우리는 윤리규범의 지배를 받는다.

일상의 생활을 보면, 무언가 명백한 의무를 다하지 못한 사람을 향해 우리는 돌을 던지려고 기회를 엿본다. 설사 그 사람이 자신은 아직 의무에 대한 철학적 확신에 도달하지 못했다고 고한다고 해도 말이다. 모두 그 사람에게 이렇게 말할 것이다. "우리는 무엇보다 먼저 인간입니다. 본분을 다하십시오. 시민으로서, 아버지로서, 자식으로서 당신의 의무를 다하십시오. 그런 다음에 당신의 명상을 계속하십시오." 이것은 참으로 당연한 일이다.

그렇다고 해도 이 말의 뜻을 잘 이해해야 한다. 나는 어느 누구에게도 철학적 탐구나 윤리적 기초의 면밀한 연구를 단념하라고 이야기하는 것은 아니다. 이 중대한 문제에 다시금 관심을 돌리게 하는 사상이 있다면 그 사상은 절대 무익하다거나 하찮다고 할 수 없다. 나는 단지 정직한 행위나 부정직한 행위, 용감한 행위나 비열한 행위를 구별하기 위하여 윤리적 기초를 발견할 때까지 기다릴 수 있느냐고 한다면, 그럴 수 없다고 말하는 것뿐이다.

특히 예전에는 철학자였던 적이 없는 모든 진실하지 못한 사람들에게 적합한 하나의 답을, 아니 우리가 스스로의 잘못을 변호하려고 철학적 회의의 상태를 방패로 삼으려고 할 때 우리 자신에게 적합한 하나의 답을 찾고 싶다. 우리는 인간이라는 그 이유만으로, 긍정적으로든 부정적으로든 의무를 이론화하기 이전에 인간으로서 해야만 하는 확고한 규칙이 있다. 그 규칙에서 빠져나갈 수는 없다.

그러나 이 답을 믿는 사람은 인간의 마음에 존재하는 수많은 술책을 모른다고 여겨질 것이다. 물론 위에 제시한 답에 대해서는 항변할 수가 없다. 하지만 그 답에 수많은 질문이 따르는 것은 막을 수는 없는 일이다. 의무를 피하기 위해 우리가 이용할 수 있는 구실은 해변의 모래알이나 하늘의 별의 수만큼 무궁무진하니 말이다.

우리는 종종 모호한 의무, 어려운 의무, 모순된 의무라는 핑계 뒤에 숨는다. 이러한 일들은 우리에게 괴로운 기억을 만든다. 의무가 있음을 알면서도 자신의 길을 의심하고, 어둠 속에서 길을 찾으려

하고, 각기 다른 여러 의무의 서로 상반된 요구에 대하여 그 어느 쪽에 답해야 좋을지 모르고, 우리의 힘에 부쳐 부서져 버릴 것 같은 거대한 의무에 직면하는 것보다 괴로운 일이 어디 있을까? 실제로 이러한 일들이 종종 일어난다.

나는 어떤 사건의 비극적인 일이나 어떤 인생의 비통한 일을 부정하려는 것도 아니고, 의심하려는 것도 아니다. 그렇다고 의무가 그처럼 정신없고 시끄럽게 나타난다든가, 번개가 폭풍에서 번쩍이는 것처럼 용솟음치며 나오는 일은 드물다. 따라서 그 같은 두려운 동요는 예외다. 그렇지만 동요될 때라도 정신을 차리고 있으면 그것에 넘어가는 일은 없다.

하지만 떡갈나무가 돌풍에 뿌리째 뽑힌다든지, 보행자가 미지의 밤길에 발이 걸려 넘어질 뻔한다든지, 군대가 포위되어 패배한다든지 하는 일에는 누구나 놀랄 수밖에 없다. 이러한 일로 넘어진 사람을 벌주려는 이는 누구도 없을 것이다. 견뎌낼 수 없는 수와 장애에 압도되는 일은 결코 부끄러운 일이 아니기 때문이다.

그러므로 나는 모호한, 어려운, 모순된 의무라는 난공불락의 성벽에 숨어 있는 사람들에게 나의 무기를 내주려고 한다. 오늘 나는 앞서 논한 것과 같은 의무에 대해 이야기하려고 한 것이 아니다. 내가 말하고 싶은 것은, 단순한 의무에 관한 것이다. 거의 대부분 쉽게 지킬 수 있다고 해도 좋을 만한 의무에 관한 것이다.

-

1년에는 3일인가 4일 종이 울리는 축제일이 있고 대부분의 많은 날은 평범한 날들이다. 마찬가지로 어떤 모호한 문제로 심한 다툼을 벌여야 할 때도 있지만 수많은 보통 날에는 단순하고 명백한 의무만 지고 살아간다. 그런데 이상한 것은, 커다란 의무에 맞설 장비는 충분한데, 참으로 작은 의무에는 내세울 것이 없어 쉽게 힘이 꺾인다는 것이다. 나는 내 사상의 역설적인 형태에 끌려가는 것을 두려워하지 않고 이렇게 말하겠다. "중요한 것은 단순한 의무를 다하는 것이며, 기본적인 정의를 실현하는 것이다." 영혼을 잃어버린 사람은, 곤란한 의무를 완수할 만한 힘이 없고 불가능한 것을 달성할 수 없기 때문이 아니라, 단순한 의무를 완수하는 일을 게을리하고 소홀히 했기 때문이다.

이 진리를 예로 들어 보겠다. 사회의 초라한 이면을 들여다보면 하층민의 물질적·정신적인 커다란 빈곤을 발견하게 된다. 가까이에서 들여다볼수록 불행한 사람들이 더 많이 눈에 띈다. 결국에는 그 수많은 비참한 사람들이 마치 광활한 암흑세계를 이루고 살아가는 것처럼 느껴질 것이다. 한 개인으로서 내가 그들을 돕는 것이 가능한가, 그들을 도와주어야 하지만 "내가 도와준다고 뭐가 달라지나?"라는 생각을 할 것이다. 확실히 괴로운 일이다. 이러한 이유로 어떤 사람들은 다른 이의 절망을 수수방관하며 그냥 지나가게 내버려둔다. 남을 도와주기 위한 일을 무엇 하나 하지 않지만, 그렇다고 해서 그 사람들에게 연민의 정이나 선한 의도가 결여되어 있는 것은 아니다.

하지만 그 사람들은 틀렸다. 많은 이들을 도와줄 힘이 없을 수는 있지만 그것이 작은 선행조차 베풀지 못할 이유가 될 수는 없다. 많은 사람들이 작은 선행도 베풀지 않는 것은, 그 사람들의 표현을 빌리면, 도움을 주어야 할 일이 너무 많기 때문이다. 그러한 사람들은 단순한 의무를 상기할 필요가 있다.

단순한 의무란, 지금 우리가 문제시하고 있는 경우를 두고 이야기하자면 우리 각자가 가진 자원과 여유와 능력에 따라 세상의 상처받은 사람들과 관계를 맺는 것이다. 권력자의 추종자가 되고 국가 원수들의 사회에 교묘히 끼어드는 일도 얼마든지 가능한데, 왜 빈곤한 사람들과 관계를 맺고 생활필수품이 부족한 노동자들과 친분을 쌓는 것은 불가능한 일인가? 몇몇 불우한 가족과 친분을 쌓고 그들 가족의 역사와 품성과 곤란을 알게 되면, 당신은 단지 할 수 있는 선에서 그들 가족에게 도움을 주면 된다.

이러한 행동은 단순히 한쪽 구석에 못 하나 박은 것일지 모르지만 당신은 할 수 있는 일을 했고, 아마도 그 행동에 좋은 영향을 받은 또 다른 사람이 실천에 나서게 될 수도 있다. 우리 사회에 빈곤과 음험한 증오와 불화와 악덕이 가득함을 확인하는 것만으로 그치지 말고, 당신이 할 수 있는 일을 한다면 사회에 어느 정도의 선을 안내하는 사람이 되는 것이다. 당신의 안내로 선의의 수가 조금이라도 늘어난다면, 선은 눈에 보일 듯 늘고 악은 줄어들 것이다. 설령 선을 행하는 사람이 당신뿐이라 해도 당신에게 주어진 단순하고 하잘것없는 의무를 완수한 것에는 변함이 없다. 당신은 작은 의무 하나를 완수함으로써 좋은 생활의 비결 하나를 발견할 것이다.

인간의 야심은 커다란 꿈을 꾼다. 그러나 우리에게 어마어마한 사건은 좀처럼 일어나지 않는다. 가령 큰 행운이 일어난 경우라도 빠르게 안착해 성공하는 데는 언제나 뿌리 깊은 준비가 뒷받침하고 있는 법이다. 작은 일에 대한 충실함이 모든 큰일의 기초를 이룬다는 사실을 우리는 너무나 자주 잊는다. 이는 우리가 반드시 기억해야 할 하나의 진리다. 특히 곤경에 처한 시대나 생애의 고통스러운 시기에는 더욱 그렇다.

배가 난파한 경우에는 갑판 조각이나 노, 나무판자 하나에 달라붙어서도 사람은 훌륭히 목숨을 건진다. 인생의 어수선한 파도 위에서 모든 것이 부서지고 깨졌다고 생각될 때에는, 그런 약해 빠진 파편 한 조각일지라도 우리에게는 구원의 판자가 될 수 있다는 것을 생각하자. 전부가 잘게 부서져 흩어진 다음이라도 파편 하나 남지 않는 일은 없다. 의기소침이란 자기에게 남아 있는 것을 경멸하는 것이다.

당신이 파산하거나 또는 소중한 사람을 잃었다고 하자. 또는 긴 노력의 결과가 눈앞에서 사라져버렸다고 하자. 당신은 가산을 다시 모으거나 죽은 사람을 되살리거나 물거품이 된 노력을 되돌릴 수는 없다. 돌이킬 수 없는 것을 앞에 두고 어쩔 줄 모를 것이다. 그 암담한 상황에서 당신은 몸을 치장하는 일이나 가정을 살피는 일이나 아이를 돌보는 일 등은 등한시할 것이다. 하지만 그것은 실로 위험하다. 병을 내버려두는 것은 병을 더욱 악화시키기 때문이다.

-

이미 전부를 잃어버려 더는 잃을 것이 없다는 생각은 자신에게 남아 있는 것마저 잃게 만든다. 당신에게 남아 있는 파편을 주워야 한

다. 그 얼마 안 되는 남아 있는 것들에 주의 깊게 신경을 쓰고 소중히 해야 한다. 그 작은 파편이 당신을 위로해줄 것이다. 노력을 게을리하면 그 대가를 치르게 되는 것처럼, 노력을 하면 살 수 있다. 매달릴 것이 단 하나의 가지밖에 남지 않았다 해도 그 가지를 붙들고 늘어져야 한다.

다른 사람들은 이제 더 이상 어찌할 수 없다고 생각하는 것을 당신 혼자 지킨다고 할지라도, 당신의 무기를 던져버리고 패자들과 함께 도망가서는 안 된다. 대홍수가 지나간 뒤에는 고립되었던 몇몇 사람들이 중심이 되어 또다시 사람을 살게 한다. 사람의 목숨이 단 한 가닥의 실에 매달리는 일이 있듯, 때론 미래는 단 한 사람의 머리에 기초하여 세워지기도 한다.

역사와 자연이 오랜 시련을 지나온 과정을 통해 우리는 실패도 행운도 모두 사소한 일에서 비롯하며, 사소한 일들을 무시하는 것은 현명하지 않으며, 무엇보다 우리가 기다리는 방법을 알고, 다시 시작하는 방법을 알아야 한다는 점을 알 수 있다.

단순한 의무에 대하여 이야기하고 있으면, 군대 생활을 생각하지 않을 수 없다. 인생이라는 저 위대한 전투의 전사들에 대하여, 군대 생활이 보여주는 수많은 본보기를 생각하지 않을 수 없다. 전투에서 패했다고 군복이나 총을 손질하지 않거나 규율을 지키지 않는 병사는 병사의 의무를 이해하지 못하는 사람일 것이다. "무슨 쓸모가 있다고?"라고 물을 수도 있다. 패한 쪽에도 할 일은 여러 가지가 있지 않을까? 패전의 불행으로 낙담이나 무질서로 인해 와해되는 일이 별일이 아니라고 할 수 있는가? 아니, 그렇지 않다. 그와 같은 두려운 순간에는, 정말 아주 작은 활기가 어두운 밤을 비추는 빛과 같다는 사실을 결코 잊어서는 안 된다. 그 작은 행동이 삶과 희망의 신호인 것이다. 그 행동으로 주변 사람들도 아직 전부를 잃은 것은 아니라는 걸 알게 될 것이다.

1813~1814년에 걸쳐 일어난 비극적인 퇴각 중의 일이다. 한겨울에 누구 하나 몸치장 따위를 개의치 않을 때 한 장군이 제복을 갖춰 입고 수염을 깎고 단정한 모습으로 나폴레옹 1세 앞에 나섰다. 와해 직전의 군대에서 마치 관병식에라도 임하려는 듯 차려입은 장군을 보고 황제는 말했다. "장군, 그대는 진정 용맹한 사람이로군!"

–

다시 말하지만, 단순한 의무는 또한 가까운 것에의 의무다. 우리가 자주 하는 어리석음으로, 보통 사람들은 자신의 바로 옆에 있는 것에 대해서는 흥미를 느끼지 않는다. 단지 그것의 하찮은 면밖에 보지 않기 때문이다. 이에 반하여 멀리 있는 것에는 매력을 느끼고 흥미롭게 바라본다. 이 때문에 선의의 막대한 양이 무익하게 소비되고 있다. 사람들은 인류나 공공의 복지, 먼 곳의 불행에만 열중한다. 그리하여 인생의 길을 걸어가면서 멀리 지평선 끝에 보이는 그 무엇에 눈과 마음을 빼앗긴 나머지, 자기 주변을 오가는 사람들의 발을 밟거나 팔꿈치로 마구 찔러대면서도 그들의 존재를 의식조차 하지 못한다.

우리 바로 옆의 사람들을 보지 못하는 이 어리석음은 얼마나 이상한 것인가! 폭넓게 책을 읽고, 넓은 세상을 여행하는 사람들 중에서도 자신과 같은 나라에서 살아가고 있는 사람들 즉 유명한 사람이든 평범한 사람이든 간에 주변의 사람들을 잘 알지 못하는 경우가 많다. 여러 많은 사람들의 협력 덕분에 살아가면서도 그 사람들의 운명에 대해서는 무관심한 것이다. 그들은 자신에게 정보를 전해준 사람들에게도, 자신을 교육시켜준 사람들에게도, 자신을 통치하고 있는 사람들에게도, 자신에게 봉사하고 있는 사람들에게도, 자신에게 생활필수품을 제공하고 있는 사람들에게도, 자신을 키워준 사람들에게도 주의를 기울이지 않는다. 자신을 대신해서 일해주는 사람들, 즉 떼어놓고 생각할 수 없는 사회적 관계를 맺고 있는 사람들에 대해 모른다는 것은 은혜를 모르는 것이며 몰지

각한 것임에도 그들은 이런 생각조차 떠올려본 적이 없을 것이다.

더 심한 사람도 있다. 어떤 여자들은 자신의 남편에 대해 모르고, 어떤 남자들은 자신의 아내에 대해 모른다. 자신의 아이들을 모르는 부모도 있다. 아이들의 성장, 아이들의 생각, 아이들이 처해 있는 위험, 아이들이 품고 있는 희망은 그러한 부모들에게는 펼쳐보지 않는 책과 같은 것이다. 또한 많은 아이들이 자신의 부모를 모르고, 부모의 고생을 모르고, 생활을 위한 부모의 투쟁을 신경 쓰지 않고, 부모의 의도를 눈치채지 못한다. 내가 이야기하고 있는 것은 나쁜 가정에 대해서가 아니라, 모든 관계를 일그러뜨리는 꺼림칙한 환경에 대해서가 아니라, 훌륭한 사람들의 성실한 가정에 대해서이다. 이러한 무관심한 사람들은 그저 서로의 비위를 잘 맞추고 있을 뿐이다. 각자가 다른 쪽으로 관심을 빼앗기고 있기 때문에, 사실 자기 관심사 외의 다른 일에는 주의를 돌릴 여지가 없다.

멀리 있는 의무가 굉장히 매력적이라는 것은 나도 인정하는 바이다. 하지만 멀리 있는 의무에 빠져 그것에만 몰두하느라 가까운 것에 대한 의무를 의식하지 않는 것이 문제가 된다. 나는 우리가 멀리 있는 의무에 매여 헛수고를 할까 봐 두렵다. 각자 활동해야 할 근거지는 가까운 의무의 영역이다. 이 근거지를 내버려두면 당신이 멀리에서 기획했던 일이 전부 위험에 처할 것이다. 그러므로 먼저 당신 나라의 사람, 당신 마을의 사람, 당신 집의 사람, 당신 교회의 사람, 당신 직장의 사람으로서 의무를 다해야 한다. 그리고 만약 가능하다면, 거기에서 출발하여 멀리 나아가는 편이 좋다. 이것이야말로 단순하고 자연스러운 진행이다. 그런데도 사람들은 쓸데없이 이와 반대로 진행하려고 한다.

보다 중요한 의무가 무엇인지 혼동한 결과, 사람들은 무수한 일에 관여되어 있음에도 자신이 마땅히 해야 할 일에 대해서는 무관심하다. 자신과 관련 없는 일에 몰두하는 동안 자신의 지향점과 멀어지게 되고, 결국 자신의 일이 무엇인지 알 수 없게 된다. 이것이 우리의 생활을 복잡하게 만드는 것이다. 각자 자신과 관계있는 일에 몰두하는 편이 훨씬 더 단순하다는 것을 모르는 것이다.

－

단순한 의무에는 또 한 가지 형태가 있다.

어떠한 손해가 일어났을 때 누가 그것을 보상해주어야 하는가? 바로 손해를 입힌 사람이 보상해야 한다. 하지만 이 말은 그저 이론에 지나지 않는다. 만일 그 이론대로 한다면, 가해자가 발견되어 손해를 배상해줄 때까지는 그 손해를 그대로 방치해두어야 하는가?

만일 가해자가 발견되지 않는다면? 또는 만일 가해자가 보상해줄 수 있는 형편이 되지 않거나, 보상해줄 생각조차 하지 않는다면?

지붕이 무너져서 머리 위로 비가 들이친다든지, 창문이 깨져서 방으로 바람이 들어온다고 하자. 당신은 지붕을 무너뜨린 이가 나타날 때까지, 창문을 깨뜨린 이가 나타날 때까지 수리를 하지 않고 기다릴 것인가? 말도 안 된다고 생각할 것이다. 그런데 이러한 일이 일상생활에서 실제로 일어나고 있다. 종종 아이들은 몹시 분개하며 항의한다. "내가 그걸 던진 게 아니야. 내가 왜 그걸 주워야 하냐고, 싫어." 그리고 대부분의 어른들도 이와 같은 이유를 댄다. 이것은 논리적이다. 하지만 세상은 이런 논리로 움직이지 않는다.

그뿐이 아니라 알아두어야 할 것은, 그리고 인생이 매일 우리에게 반복하여 가르쳐주고 있는 것은, 어떤 사람들에 의해 일어난 손해는 다른 사람들에 의해 보상되어진다는 것이다. 어떤 사람은 파괴하고, 다른 사람은 건설한다. 어떤 사람은 더럽히고, 다른 사람은 깨끗하게 치운다. 어떤 사람은 싸움을 부추기고, 다른 사람은 싸움을 진정시킨다. 어떤 사람은 눈물을 쏟게 하고, 다른 사람은 위로한다. 어떤 사람은 부정을 위해서 살고, 다른 사람은 정의를 위해서 죽는다. 가혹한 법이 있기에 구원이 필요하다. 이것 또한 논리적이다. 하지만 현실 앞에서 이러한 이론의 논리는 퇴색된다. 여기에서 얻어지는 결론은 의문의 여지가 없다.

단순한 마음을 가진 사람이라면 다음의 결론을 얻을 것이다. "악한 행위를 당하면 그 행위를 보상하는 것이 우선이다. 악한 행위를 저지른 사람들이 보상에 협력하면 다행이지만, 그들의 협력을 너무 기대해서는 안 된다는 것을 우리는 경험을 통해 알고 있다."

-

아무리 간단한 의무라 해도, 그 의무를 수행할 힘이 있어야 한다. 그 힘은 무엇에 존재하는 것이며, 어디에서 찾아야 하는 것일까? 이에 관해서는 아무리 이야기해도 부족하지 않다. 의무를 외부의 재촉에 의해 완수해야 하는 일로 여기는 사람이라면 의무는 적이며 번거로운 일일 뿐이다.

의무가 문으로 들어오면 사람은 창문으로 도망가고, 의무가 창을 닫으면 인간은 지붕으로 도망간다. 의무가 들어오는 것을 확실히 알면 알수록 우리는 의무를 확실히 피한다. 약삭빠른 소매치기가 언제나 요리조리 잘 피해다니는 대상인 경찰, 의무는 우리에게 경찰과도 같은 것이다. 슬프게도 그 경찰은 소매치기의 목덜미를 잡아채 겨우 파출소에 연행할 수 있을 뿐 소매치기를 바른 길로 인도할 수는 없다. 인간이 자기의 의무를 완수하기 위해서는 '이래라 저래라', '이거 해라 저거 해라', '하지 않으면 위험하다' 같은 명령하는 힘과는 전혀 다른 차원의 힘이 필요한 것이다.

내부의 힘, 바로 사랑이 필요하다. 어떤 사람이 자신의 직업을 싫어한다든가 적당히 자리만 지키고 있다면 그 어떤 힘을 가해도 그 사람을 일에 열중하도록 만들 수 없다. 하지만 자신의 직업을 사랑하는 사람은 혼자서 나아간다. 그 사람에게 강요하는 것은 쓸데없는 일이며, 그 사람의 주의를 다른 일로 돌릴 수도 없을 것이다. 이 것은 모든 사람에게 적용된다.

중요한 것은, 우리는 보잘것없는 운명에서 어떤 신성하고 영원하며 아름다운 것을 절실히 느끼는 일이 있다는 것이다. 계속되는 경험을 통해 우리는 고뇌와 희망이 동시에 존재하기에 인생을 사랑하고, 비참함과 고귀함을 동시에 지녔기에 인간을 사랑하고, 마음과 지성과 영혼으로 인류에게 속하기로 결심하게 되었다.

바람이 돛을 움직여 배의 방향을 정하듯, 어떠한 미지의 힘이 연민과 정의의 방향으로 우리를 이끌어준다. 이 거스를 수 없는 힘에 눌려 우리는 말한다. "나는 이끌려갈 수밖에 없다. 나보다 강하다." 모든 시대에서, 모든 환경에서 인간은 자신보다 강한 힘을, 인간 내면에 머물러 있는 그 힘을 이렇게 표현해 왔다. 그 고결한 힘은 우리 내면에 존재하지만 우리를 초월한다. 그 내면의 힘은 위대한 사상이나 위대한 행위처럼 영감에 의해 생겨난다.

나무가 싹을 틔우고 열매를 맺는 것은 흙에서 생명력을 얻고 태양으로부터 빛과 온기를 받기 때문이다. 인간이 보잘것없는 자신 안에서 또한 무지와 피하기 힘든 잘못 안에서 자신의 일에 성실히 헌신하는 것은, 영원히 변하지 않는 자비의 원천과 끊임없이 접촉하고 있기 때문이다.

이 중심적인 힘은 여러 형태로 나타난다. 때로는 굽히지 않는 열정으로, 때로는 부드러움으로, 때로는 악을 공격하는 전투력으로, 때로는 길에 버려져 상처 입고 잊힌 생명을 구하려는 어머니의 마음으로, 때로는 부지런히 탐구를 계속하는 겸손한 인내로….

이 중심적인 힘과 관련된 것은 전부 징표를 가진다. 그 힘에 의해 활기를 찾은 사람은 자신이 그 힘으로 존재하고 살아간다는 것을 안다. 그 힘을 섬기는 것이 그들에게는 행복이며, 보상이 된다. 그들은 자신이 그 힘의 도구로 쓰이는 데 만족하며, 자기의 역할이 밖에서 어떻게 보여지는지는 신경 쓰지 않는다. 이 세상의 어떤 것도 그 자체로는 위대하지도 보잘것없지도 않다. 우리의 행위와 생활의 가치는 단지 그것을 관통하는 정신에 의한 것이기 때문이다.

단순한 욕구

새를 분양받게 되면 전 주인으로부터 새를 돌보는 데 필요한 위생, 먹이 등에 관한 정보를 단 몇 마디의 말로 충분히 전달받는다. 마찬가지로, 대부분의 인간에게 꼭 필요한 필수품을 꼽아보라면 몇 줄로 간단히 요약될 수 있을 것이다. 인간의 식이요법은 사실 아주 단순하다. 이 단순한 식이요법을 지키는 한 우리는 대자연의 유순한 자녀로서 건강하게 살아갈 수 있다. 하지만 단순한 식이요법으로부터 멀어지면 건강이 악화되고 명랑함이 사라진다. 단지 단순하고 자연스러운 생활만이 우리에게 활기를 유지시켜 준다. 이 기본적인 원칙을 기억하지 못함으로써 우리는 이상한 착오를 일으킨다.

물질적으로 가능한 한 좋은 조건에서 살기 위해서는 무엇이 필요할까? 건강한 식사, 단순한 옷가지, 위생적인 주거지, 공기, 운동이다. 나는 위생상의 자질구레한 일을 언급하려는 것도 아니고, 식단을 짜려는 것도 아니고, 모범 주택이나 의복의 재단법을 제시하려는 것도 아니다.

나의 목적은 하나의 방향을 제시하는 것이며, 각자 자신의 삶을 단순함의 정신으로 정돈하면 어떤 이점이 있는지 알리는 것이다. 단순함의 정신이 우리 사회에 충분하지 않다는 것을 확인하기 위해서는 모든 계급의 사람들이 살아가는 모습을 보는 것만으로 충분하다. 여러 환경의 여러 사람들에게 "당신은 살아가는 데 필요한 것이 무엇입니까?"라고 물어본다면 그들은 뭐라고 대답할까. 아마 당신은 충분히 짐작할 수 있을 것이고, 그들의 대답을 통해 많은 것을 알 수 있을 것이다.

파리 토박이들은 큰 대로들로 경계 지어진 지역을 벗어난 삶은 생각할 수조차 없다. 이 지역에만 호흡할 수 있는 공기, 좋은 빛, 적당한 온도, 고전적인 요리, 그 외 그들이 원하는 모든 것이 있기 때문이다. 그들은 이러한 것이 없다면 이 지구를 산책할 가치가 없다고 단정할 것이다.

부르주아에 속하는 사람들에게 '살기 위해서 무엇이 필요한가'

하는 질문을 던지면 그들은 야심이나 교육의 정도에 따라 다른 답을 할 것이다. 여기서 교육이란 외적으로 드러나는 생활수준, 즉 주택양식, 옷, 가구 등 피상적인 것을 말한다. 그들은 어느 정도 이상의 연금, 이득, 월급 따위가 있어야 생활이 가능하다고 하며 그 이하로는 생활이 불가능하다고 할 것이다.

실제로 자신의 재산이 최소한도 이하로 떨어졌다고 자살하는 사람도 있다. 없이 사느니 죽는 게 낫다고 생각한 것이다. 그들에게 절망을 안긴 이 최소한도의 재산은, 그만큼의 생활을 필요로 하지 않는 사람에게 있어서는 그래도 견딜 만한 정도였을지 모르고, 검소한 사람에게 있어서는 선망하던 정도였을지도 모른다.

높은 산에서는 고도에 따라 식물의 분포가 다르다. 보통은 경작지대, 삼림지대, 목장지대, 헐벗은 암석지대, 빙하지대와 같은 모습이다. 어느 지대보다 위로 향하면 보리는 보이지 않지만 포도는 아직 번성하고 있고, 가시나무는 꽤 저지대에서는 보이지 않게 되고, 전나무는 굉장한 고지에서도 자란다. 인간의 삶과 그에 필요한 생활필수품의 관계는 이처럼 식물의 현상을 생각하게 한다.

재산에 따라 고도를 분류했을 때 고지대에는 은행가나 사교계의 남자와 여자 등 사회적으로 성공한 사람들이 보인다. 몇 명의 하인과 몇 대의 자동차, 몇 채의 주택을 보유하고 있는 것을 절대적으로 필요로 하는 사람들 말이다. 그보다 밑의 지대에는 깔끔한 모습을 한 중산층의 사람들이 꽃을 피우고 있다. 또 다른 지대에는 조금의 여유가 있는 사람들, 또는 검소하고 안락한 생활을 하는 보통의 사람들 등 각각 생활상의 필요를 아주 다르게 표현하고 있는 사람들이 보인다. 그다음으로는 하층민, 기능공이나 노동자, 농민, 요컨대 대중이 작은 풀처럼 빽빽이 나서 서로 복작대며 살고 있다.

이처럼 사람들은 사회의 서로 다른 모든 지역에서 살고 있다. 그리고 그들은 인간이라는 점에 있어 무엇 하나 다르지 않다. 그렇지만 같은 인간임에도 생활필수품에 관한 욕구는 불가사의할 정도로 차이가 난다. 이렇게 되면 내가 앞서 인용한 산의 예는 인간 생활과 닮은 점이 없어 보인다. 같은 과의 식물이나 동물은 같은 생활의 조건을 필요로 한다. 그런데 인간의 삶에서 보여지는 것은 그것과는 반대다. 우리 인간의 생활필수품의 성질과 수에는 굉장한 탄력성이 있다는 것 이외에 어떠한 결론을 끌어낼 수 있을까?

—

개인의 발전과 행복을 위해 사회의 발전과 행복을 위해 인간이 무수한 생활필수품을 필요로 하고, 그 필요를 만족시키기 위해 전념하는 것이 유익하며 바람직한 일이라고 할 수 있을까? 하등생물과 다시 한번 비교해보자. 하등생물은 없어서는 안 되는 중요한 필요가 채워지면 그에 만족하며 살아간다. 인간사회 역시 똑같을까? 아니, 그렇지 않다. 인간사회의 모든 단계에 있어 우리는 불만을 품고 있는 사람들과 부딪힌다. 최소한도의 생활필수품마저도 결여되어 있는 사람들은 물론 여기서는 예외다. 추위나 허기, 빈곤 때문에 한탄하고 있는 사람들을 불만에 찬 사람들과 동일시하는 것은 옳지 않기 때문이다.

내가 여기에서 문제 삼고 싶은 것은, 요컨대 참고 견딜 만한 정도로 살고 있는 많은 사람들이다. 그들의 불만은 어디에서 오는 것일까? 충분히 생활해나갈 수 있는 정도이긴 하지만 보잘것없는 신분의 사람들뿐만 아니라, 세련된 생활을 하고 싶어 하는 사람들에게서도, 나아가 부유한 상류층에게서도 불만이 나타나는 것은 어째서일까?

'난의포식하는 부르주아'라는 말이 있다. 옷을 따뜻하게 입고 음식을 배부르게 먹는다는 뜻으로, 먹고살 걱정이 없는 편한 생활을 영위한다는 말이다. 이 말은 누가 한 말일까? 부르주아가 아닌 사람들, 즉 밖에서 판단하여, 부르주아는 원하는 만큼 향락을 즐기고 있으니 정말 질리기도 했을 거라고 생각하는 사람들이 그렇게 말하는 것이다. 그런데 정말 부르주아들은 부족함이 없다고 생각할까? 결코 그렇지 않다. 부자이면서 만족하고 있는 사람들이 있다면 그것은 그들이 부자여서 그런 게 아니라 만족하는 방법을 터득했기 때문에 만족하는 것이다. 이것은 확실하다.

동물은 배를 채우면 먹기에 지쳐 누워 잠이 든다. 인간도 역시 잠시 누워서 잠이 들 때가 있다. 하지만 결코 길게 계속되지는 않는다. 인간은 안락함에 익숙해지고 안락함에 게을러져서 좀 더 큰 안락함을 구한다. 인간에게 있어 식욕은 식량이 많다고 진정되는 것이 아니라, 먹고 있는 중에도 점점 더 강해지기만 한다. 그런 바보 같은 일이 어디 있느냐고 생각할지도 모르지만, 사실이 정말 그렇다.

가장 불만이 많은 사람들이 실상은 만족하고 있다고 볼 수 있을 정도로 많이 가지고 있는 사람들이라는 사실은, 행복은 우리가 소유한 생활필수품의 수와 연결된 것도 아니고, 그런 생활필수품을 보다 더 많이 가지려고 하는 열의와 연결된 것도 아님을 잘 증명해 주고 있다. 누구라도 이 진리를 명심하는 것이 중요하다. 누구든지 이 진리를 명심하지 않으면, 용기를 깨워 일으켜 자기의 욕구를 제어할 수 없다면 그 사람은 알게 모르게 욕망의 내리막길에 들어설 위험이 있다.

먹고, 마시고, 잠자리에 들고, 옷을 입고, 산책을 하고… 요컨대 자신에게 주어진 가능한 한 모든 것을 자신에게 주기 위하여 살고 있는 사람, 즉 뒹굴며 세월을 보내고 있는 식객이든 술에 찌든 노동자이든 식욕의 노예가 된 부르주아이든 화장에 몰두하고 있는 부인이든 야비한 도락가든 고급 도락가든 또는 단지 사람이 물러서 물질적인 욕구에 그저 지고 마는 조악한 향락주의자든지 간에 그들은 욕망의 내리막길에 들어선 사람이다. 내가 말하려는 것은 그 내리막길은 치명적이라는 것이다. 그 내리막길을 내려가는 사람들은 경사면 위에서 굴러 떨어지는 물체와도 같은 법칙에 따른다. 끊임없이 새로 생겨나는 착각의 포로가 되어 그들은 자신에게 말한다. "저 탐나는 것이 있는 쪽으로 조금만, 조금만 더 나가 보자, 마지막으로 조금만 더…. 그런 다음 멈추면 되는 거야." 하지만 가속도에 끌려 가면 갈수록 그들은 저항할 수 없게 된다.

우리와 동시대를 살아가고 있는 많은 이들의 불안과 광기의 비밀이 여기에 있다. 그들은 자신의 의지로 스스로 탐욕의 노예가 되어 버렸기 때문에 자업자득의 벌을 받고 있는 것이다. 그들은 집념 강한 야수와 같이 욕망의 먹이가 되어버린 나머지, 그 야수와 같은 욕망은 그들의 살을 물어뜯고 그들의 뼈를 부수고 그들의 피를 마시는 데 질릴 줄 모른다. 나는 어떤 초월적인 교훈을 논하려는 것이 아니다. 단지 '인생'이 이야기하는 것에 귀를 기울이면서, 모든 광장에서 울려퍼지는 몇 가지 진리를 기록하려는 것이다.

음주벽이 새로운 술을 발명할 정도라고 해서, 갈증을 진정시키는 수단 또한 발명해낼 수 있을까? 아니, 그렇지 않다. 음주벽은 갈증을 계속 느끼게 할 뿐, 갈증을 멈추게 하는 어떤 수단도 찾지 못한다. 방탕은 감각의 자극을 둔화시킬 수 있을까? 아니, 그러기는커녕 오히려 감각의 자극을 높여, 자연스러운 욕망을 병적인 편집이나 고정관념으로 변화시킨다. 욕구를 앞세우고, 그 욕구를 계속 만족시켜 보라. 그 욕구는 양지에 우글거리는 벌레처럼 번식할 것이다. 욕구는 만족시키면 만족시킬수록 늘어갈 뿐이다. 안락함에서만 행복을 추구하는 사람은 무분별한 사람이다. 그것은 밑 빠진 독을 채우려는 것과 같다.

수백만을 가지고 있는 사람에게는 수백만이 부족하고, 수천을 가지고 있는 사람에게는 수천이 부족하다. 또 누군가에게는 20프랑이 부족하고 또 어떤 이는 단돈 100센트가 부족하다. 그들은 냄비 안에 암탉을 가지고 있을 때는 거위를 원하고, 거위를 가지고 있을 때는 칠면조를 원하는 식이다. 그들의 욕망은 끝없이 계속된다. 이처럼 끝없이 계속되는 욕망이 어떠한 재앙을 부르는지는 상상도 할 수 없다. 세상에는 부자 흉내를 내고 싶어 하는 소시민이나 부르주아를 흉내 내는 노동자, 양가의 규수인 척하는 서민의 딸, 사교계나 유한계급의 흉내를 내는 하급 샐러리맨이 너무 많다. 심지어 돈 많은 부자가 모든 종류의 쾌락을 경험한 뒤에 "내 재력으로는 충분한 쾌락을 즐길 수 없어"라고 눈을 뜬다. 이보다는 "좀 더 적절한 곳에 내 재력이 도움이 될지도 몰라"라고 깨우쳐야 할 텐데 말이다. 우리는 잊고 있는 것이 너무 많다. 우리의 생활상의 욕구는 본래 우리를 돕는 하인이어야 하는데 절제하지 못하는 폭군이 되어버렸다.

자신의 욕구의 노예가 된 인간은, 재갈을 물려 이끄는 대로 끌려다니며 춤을 추고 있는 곰과 같다. 이것이야말로 가장 잘 어울리는 비유다. 이 비유는 유쾌한 것은 아니다. 하지만 사실을 부정할 수는 없다. 시끄럽게 떠들거나 소리치며 자유라든가 진보라든가 무언가 입으로 떠벌리고 있는 저 많은 사람들이 자신들의 욕구에 끌려다니고 있다. 그들은 자신의 행동이 주인의 마음에 거슬릴지 어떨지 자문하지 않고서는 인생의 길을 한 발자국도 나아갈 수 없다.

아마도 수많은 남자와 여자들은 너무나도 많은 욕구 탓에 단순한 생활에 안주할 수 없을지 모른다. 그리하여 안주를 모르는 그들의 욕망은, 단순한 생활을 모른 체할 뿐 아니라 점차 부정직하고 불의한 일까지 하게 되었는지 모른다. 파리 마저스 감옥의 감방에는 너무나도 무리한 욕구를 따르는 일이 얼마나 위험한지에 대해 자세히 이야기해 줄 수 있는 죄수가 많이 있다.

내가 알고 있는 한 훌륭한 남자의 이야기를 들려주고 싶다. 그는 가족을 깊이 사랑했다. 그는 가족과 프랑스에서 안락하고 풍요롭게 살고 있었다. 하지만 그의 수입은 아내의 사치스러운 욕구를 만족시킬 만한 수준은 아니었다. 조금 검소하기만 했어도 유복하게 생활할 수 있었을 텐데, 언제나 돈이 궁했던 그는 가족을 남겨두고 돈을 벌기 위해 먼 식민지로 떠났다. 그 불운한 남자가 거기서 무슨 생각을 했는지는 모른다. 하지만 그의 가족들은 지금까지보다 더 좋은 아파트에 살고, 지금까지보다 더 멋진 옷차림을 하고, 마차와 비슷한 것도 갖게 되었다. 그리하여 아직까지는 무척 만족해하고 있다.

하지만 그들은 결국 그 사치에, 아직까지는 그리 대단하지 않은 그 사치에 익숙해질 것이다. 시간이 좀 더 지나면 그의 아내는 자신의 집에 있는 가구가 시시하다고 느껴질 테고, 마차도 보잘것없어 보일 것이다. 그 남자가 아내를 사랑하고 있다는 사실은 의문의 여지가 없기에 아마 그는 더 많은 돈을 벌기 위해서 달나라까지도 갈 것이다.

이와 반대인 경우도 있다. 즉 가장이 무절제한 생활을 하며 도박과 같이 돈을 허비하는 짓을 하느라 자신의 의무를 까맣게 잊고 물을 쓰듯 돈을 쓰는 바람에 아내가 희생하는 경우다. 이런 남자는 자신의 탐욕과 아버지로서의 역할 중 어느 것을 선택할지의 문제에서 전자를 택할 게 뻔한 사람이다. 이러한 남자는 점점 더 비열한 이기주의자가 된다. 이러한 인간의 품위의 망각과 고결한 감정의 마비는 향락을 좇는 부자에게서만 나타나는 것이 아니다. 서민 계급의 남자 또한 이런 병에 걸린다. 충분히 행복할 수 있었는데도 가엾게도 어머니는 꺼지지 않는 걱정과 슬픔만을 안고, 아이들은 신발도 신지 못한 채 하루 세 끼의 밥도 제대로 먹지 못한다. 이러한 사람들을 나는 많이 알고 있다. 대체 무슨 이유에서 그럴까? 답은 아버지에게 돈이 너무 집중되어 있기 때문이다. 술값만 봐도 그렇다. 지난 20년간 얼마나 많은 돈이 술값으로 소비되었는지는 모두가 짐작하고 있는 대로이다. 알코올이라는 바닥없는 늪이 삼킨 금액은 정말 터무니없을 정도로 어마어마하다. 그것은 1870년의 프로이센-프랑스전쟁 배상금의 2배를 웃도는 액수다.

그 부자연스러운 생활상의 욕구를 충족하기 위해 내던져버린 것들을 제대로 사용했더라면 얼마나 많은 정당한 욕구를 만족시킬 수 있었을까. 욕구가 군림하고 있는 세상은 서로 돕는 세상이 될 수 없다. 인간은 자기 자신을 위해서 많은 물질을 필요로 하면 할 수록, 이웃을 위해서는 해줄 것이 없게 된다. 혈연으로 맺어진 사람들을 위해서조차도 말이다.

—

행복과 관습 따위에 얽매이지 않는 독립심, 세심한 도덕심, 서로 돕는 감정까지 점점 줄어드는 것은 우리가 욕구에 졌기 때문에 생긴 결과다. 그 외에도 다른 무수한 이유가 있지만, 공공복지의 동요도 큰 이유 중에 하나이다. 너무나도 커다란 욕구를 가진 사회는 현재에 열중한 나머지 과거에 획득한 것을 현재를 위하여 희생시키고, 미래도 현재를 위하여 희생시킨다. 내가 죽은 뒤에는 어떻게 되든 말든 상관없다는 듯이 말이다. 돈을 만들기 위해 나무를 베고, 아직 익지 않은 보리를 먹으며, 긴 노력의 결과를 하루 만에 부수고, 따뜻함을 얻기 위하여 가구를 불태우고, 현재의 순간을 즐기기 위하여 미래에 부채를 떠넘기고, 하루살이 인생을 살며, 곤란 · 병 · 파산 · 질투 · 원한의 씨를 내일에 뿌리는 등 나쁜 생활태도의 해악을 하나하나 열거하자면 끝이 없다.

이에 반하여 단순한 욕구에 안주한다면 우리는 이러한 모든 불쾌한 일을 피하고, 그 대신에 무수의 이익을 얻을 수 있을 것이다. 절식이나 절제가 건강을 지키는 최상의 수단이라는 것은 굳이 말할 필요가 없을 정도이다. 절제하는 사람은 인생을 비참하게 만드는 수많은 참혹한 것으로부터 벗어나 건강과 사랑과 지적인 균형감을 견고히 한다. 의식주 어느 것에 관해서도, 단순함을 추구하는 것은 독립성과 안전을 지키는 원천이다. 단순한 생활을 하면 할수록 당신의 장래는 보호받게 될 것이다. 불시의 재난이나 불운에 농락당하는 일도 적어질 것이다.

병이 나거나 실직을 한다 해도 그 정도 일로 거리를 헤매는 일은 없을 것이다. 처지의 변화, 가령 처지에 현저한 변화가 닥치더라도 망연자실할 일이 없을 것이다. 단순한 욕구를 가지면 갑작스러운 변화에 순응하는 일도 결코 고통스럽지 않을 것이다. 지위를 박탈당하거나 수입을 잃어도 우리는 여전히 한 인간이다. 우리의 생활을 떠받치는 그 기초는 테이블도 아니고, 움막도 아니고, 마구간도 아니고, 가재도구도 아니고, 돈도 아니기 때문이다.

역경이 닥쳐도 젖꼭지나 우윳병을 빼앗긴 갓난아이처럼 구는 일은 없을 것이다. 그보다 더 강하게, 전투를 위해서 더 잘 무장하여

적에 의해 좌우되지 않을 때 우리는 이웃을 위해서도 더 봉사할 수 있을 것이다. 당신은 사치를 과시하거나, 부정한 일에 돈을 허비하거나, 기생적인 생활을 하여 이웃의 시기를 사거나 이웃의 비열한 탐욕을 자극하거나 이웃의 배척을 받는 일도 없을 것이다. 그리고 자기 자신의 안락을 좇는 일을 그리 필요로 하지 않음으로써 타인의 생활을 안락하게 만들기 위하여 일하는 방법을 찾을 수 있을 것이다.

단순한 즐거움

–

요즈음 당신은 인생이 즐겁다고 생각하는가? 나는 전체적으로 봤을 때는 오히려 암울하다고 생각한다. 이러한 나의 생각이 개인적인 생각이 아닌 것 같아 두렵기도 하다. 현대인의 생활 모습을 보거나 현대인이 이야기하는 것을 듣고 있으면 그들이 그다지 즐거워하지 않는다는 것을 불행히도 나는 강하게 느낀다. 현대인들이 인생을 즐기지 않으려고 해서 생기는 문제는 아니다. 즐기지 않으려는 것은 아니나, 제대로 즐기지 못하는 듯하다. 대체 어찌된 영문일까?

어떤 이는 정치적 이슈나 여러 사건들을 비난하고, 또 어떤 이는 사회적 문제나 군국주의를 비난한다. 우리의 커다란 골칫거리를 열거하려고 하면 어느 것을 먼저 말해야 할지 그 선택부터 머리가 아파온다. 그럼 한번 우리에게 즐거움을 주는 것을 찾아보자. 그런데 우리의 수프에는 너무 많은 후추가 들어 있어서 우리는 그것을 기뻐하며 먹을 수가 없다. 우리는 많은 골칫거리를 양팔 가득 안고 있고, 그 골칫거리 중 단 하나만으로도 기분을 망치기에 충분하기 때문이다.

아침부터 저녁까지 당신은 어디를 가든 바쁘고, 안절부절못하고, 다른 일에 맘을 빼앗긴 사람들을 만날 것이다. 어떤 이는 저급한 정치의 실망스러운 갈등에 좌절하고, 다른 이는 문학계와 예술계에서 마주한 비열한 수법이나 시기에 낙담한다. 지나친 경쟁도 사람들의 잠을 방해하는 요소며, 너무나도 무리한 학업과 취업문제로 젊은이들의 생활은 엉망이 되고, 노동계급은 끊임없이 산업투쟁의 결과에 피해를 입는다. 정치의 권위가 떨어진 탓에 정치인이 되는 것도 불유쾌하고, 교사에 대한 존경이 줄어든 탓에 교직에 임하는 일 또한 불유쾌하다. 어디에 눈을 돌려도 닿는 곳마다 불만의 씨가 널려 있다.

과거에도 오늘날에 못지않게 평온하지 못한 고통의 시대가 있었지만 그럼에도 사람들은 어떠한 무거운 사건에도 짓눌리지 않고 명랑함을 유지했다. 뿐만 아니라 시대의 무거움, 내일의 불안,

사회적 격동의 움직임이 때에 따라서는 새로운 활력으로 작용하기도 했다. 전투를 끝낸 병사들이 다음 전투를 준비하며 노래를 부르는 것은 그리 희귀한 일이 아니다. 인간의 기쁨은 가장 힘들 때, 장애의 한가운데서 비로소 가장 아름다운 승리의 함성을 드높인다고 해도 과언이 아니다.

전투를 앞두고 쿨쿨 잠을 자고, 소란의 한가운데서 노래를 부르는 사람들은 그럴 수밖에 없는 어떤 내면적인 동기를 가지고 있는 법이다. 그들에게는 있었던 그 내면의 동기가 현대의 우리에게는 아마도 결여되어 있는 듯하다. 기쁨은 다른 대상을 통해 찾는 것이 아니라 우리 안에 존재한다. 지금 우리가 가지는 불쾌함은, 우리에게 흘러들어오는 감염성 짙은 심기불편함의 원인들은 적어도 외부의 사정들에 의한 것만은 아닐 것이다. 외부의 사정과 같이 우리의 안에도 어떠한 사정이 있을 것이다.

―

마음으로 즐기기 위해서는 자신이 단단한 하나의 기초 위에 서 있다는 것을 믿어야 한다. 인생을 믿고, 자신의 내면에서 기초를 찾아야 한다. 하지만 현대의 우리는 이러한 믿음이 결여되어 있는 듯하다.

삶을 부정적으로 보는 것은 철학자만이 아니다. 현대의 많은 사람들이, 슬프게도 젊은이들마저 인생과 사이가 틀어져 있다. 요컨대 "아무것도 존재하지 않는 편이 나았을지도 모른다"는 속마음을 가지고 있다. 이런 마음가짐으로 어떻게 즐거울 수가 있겠는가?

게다가 현대인은 생활력이 저하되고 있는 듯 보인다. 이것은 인간이 감각을 너무 자극한 탓인 듯하다. 과도한 남용이 우리의 관능을 일그러뜨리고, 행복을 만드는 능력을 망가뜨렸다. 본성에 가해진 비상식에 본성마저 억눌려 있다. 살고자 하는 의지는 뿌리까지 깊이 병들었지만 아직은 남아 있어서, 인위적인 것으로라도 만족을 얻기 위해 노력한다. 의학에서는 인공호흡이나 인공영양, 전류 등의 힘을 빌리는 일이 있다. 또 숨이 끊어질 듯한 상황에서도 소생하기 위해 애쓰는 사람들이 있다. 그들은 비용을 아끼지 않고 어떠한 수단도 생각해냈다. 가능한 일도, 불가능한 일도, 모든 일이 시도되어왔다. 하지만 그와 같은 복잡한 증류기를 이용해도 진정한 기쁨은 단 한 방울도 증류되지 않았다.

즐거움과 즐거움을 주는 도구를 혼동해서는 안 된다. 화가가 되려면 붓을 잡는 것만으로 충분할까? 음악가가 되려면 최고의 바이올린이라 불리는 스트라디바리우스를 비싼 돈을 내고 구입하는 것

만으로 충분할까? 그렇지 않다. 마찬가지로, 무언가 즐기기 위해 그에 맞춤인 최고의 도구를 준비한다 해도 그 도구로 한층 즐거워지지는 않는다. 위대한 화가는 목탄 조각으로도 불멸의 작품을 탄생시킨다. 그림을 그리는 데는 단지 최상의 도구가 아닌 재능이나 천재적 자질이 있어야 하듯, 우리가 인생을 즐기기 위해서는 행복할 수 있는 능력을 가지고 있어야 한다. 행복할 수 있는 능력을 가진 사람은 적은 비용으로도 인생을 즐길 수 있다. 누구에게나 주어진 이 능력은 회의주의, 부자연스러운 생활, 남용에 의해 인간 안에서 파괴되고 반대로 신뢰, 절제, 생각과 행동의 정상적 습관에 의해 유지된다.

-

앞서 논한 이야기의 훌륭한 증거는 아주 쉽게 모을 수 있다. 조화가 아닌 자연의 꽃에서 향기가 나는 것처럼, 단순하고 건전한 생활 안에 진정한 즐거움이 깃들어 있음을 볼 수 있다.

가령 곤란하고 막혀 있고, 우리가 통상 즐거움의 조건이라고 생각하는 것이 결여되어 있다 해도 단순하고 건전한 생활에서는 예민하고 희귀한 식물, 즉 즐거움이라는 식물이 그 안에서 자라난다.

그 즐거움이란 식물은 돌덩어리 사이에서도, 울퉁불퉁한 벽면에서도, 바위의 갈라진 틈 사이에서도 싹을 틔운다. 사람들은 그것을 보고 "어디에서 어떻게 나오는 거지?" 하고 자문할 것이다. 하지만 그것은 틀림없이 나고 자란다. 그러나 온실 안이나 비료를 잔뜩 준 토지에 돈을 아낌없이 들여 재배한다면, 그 식물은 색이 바랜 채로 당신의 손가락 사이에서 말라갈 것이다.

어떤 관객들이 연극을 가장 즐기는지 배우들에게 물어보면 그들은 이렇게 대답할 것이다. "서민적인 관객"이라고. 그 이유를 대는 일은 결코 어려운 일이 아니다. 서민적 관객에게 연극은 그들 생활에 있어 하나의 예외다. 그들은 가끔 연극을 보기 때문에 관람에 질리는 일이 없다. 게다가 연극을 관람하는 것은 그들의 격렬한 노동에 대한 휴식이 된다. 그들이 맛보고 있는 그 즐거움은 그들이 성실한 노동으로 획득한 것이다. 그들은 땀 흘려 얻은 작은 돈의 가치를 잘 알고, 연극 관람이 주는 즐거움의 가치도 잘 알고 있다. 뿐만 아니라 그들은 분장실에 들어가본 적도 없고, 배우들의 승강이에 말려든 적도 없으며, 무대 뒤의 거래도 모르기 때문에 연극이 실제로 일어난 일이라고 생각하곤 한다. 이런 이유들이 그들에게 불순물 없는 즐거움을 제공하는 것이다.

하지만 나는 보인다. 저 높은 칸막이 자리에서 단안경을 번뜩이며 닳고 닳은 회의론자가 연극을 즐기는 군중에게 조소의 시선을 던지는 것이. 그가 "가련한 무리여, 얼간이들이여, 무지몽매한 촌것들이여!" 하고 중얼거리는 모습이 말이다.

회의론자에게 그런 취급을 받는다 해도, 그 서민들이야말로 살아 있는 진정한 인간이다. 이에 반하여, 그 회의론자는 인공적인 인간이며 마네킹이나 다를 바 없고, 저 아름답고 유익한 한 시간의 솔직한 즐거움에 도취할 수 없는 가엾은 자다.

그런데 불행히도 서민들 사이에서도 소박함이 사라지고 있다. 우리는 도시의 민중이, 그다음으로 시골의 민중이 좋은 전통을 버리는 것을 보고 있다. 알코올이나 도박, 불건전한 독서로 부패된 정신은 점점 더 병적인 취미를 갖게 되었다. 예전에는 단순했던 환경에 부자연스러운 생활이 침입했다. 포도나무가 벌레에 먹히는 꼴이다. 수수한 즐거움을 누리던 늠름한 나무도 그 수액이 마르고, 그 잎도 노랗게 타고 말았다.

전통이 살아 있는 시골 축제와 현대화된 축제라 우기는 마을 축제를 비교해보자. 시골 축제에서는 전통의 틀을 지키고, 건장한 시골 사람들이 민요를 부르고, 전통의상을 걸치고 전통적인 춤을 추며, 민속주를 마시며 즐긴다. 그들은 대장장이가 쇠를 단련하고, 폭포가 쏟아져내리고, 망아지가 초원을 뛰어다니듯 축제를 즐긴다.

그 즐거운 기분은 축제를 보고 있는 사람들에게도 전파되어 마음을 들뜨게 한다. 들뜬 사람들은 "좋아, 좋아! 이거야!"라고 외치며 축제에 참여하고 싶어 할 것이다.

한편 마을 축제에서 사람들은 도시에서 유행하는 복장을 몸에 걸치고 도시인의 흉내를 낸다. 도시의 장식품을 걸친 농부의 아내들은 추하게 보일 뿐이다. 축제를 즐기는 이들은 싸구려 주점에서 불릴 듯한 가요를 어긋난 박자에 맞춰 노래하는 추한 무리에 지나지 않는다. 때로는 시골을 도는 삼류배우 몇 명이 주빈석에 설치고 앉아 있다. 마을 사람들에게 촌티를 벗기고, 세련된 즐거움을 선사하고자 축제를 찾은 배우들이다. 음료는 감자주를 기본으로 한 리큐르나 아브산 등이다. 이 축제에 있는 모든 것이 무엇 하나 독특한 것이 없고, 뭐 하나 그림이 될 만한 것이 없다. 가령 자포자기와 조악함은 있을지언정, 소박한 즐거움 속에 있는 자유분방함은 없다.

-

즐거움의 문제는 매우 중요하다. 하지만 고지식한 사람들은 즐거움을 무가치한 것이라 여기고, 실리를 따지는 사람들은 즐거움을 돈이 드는 쓸데없는 일이라고 등한시한다. 반면 즐거움을 찾아다니는 사람들은 마치 정원을 휘저어놓은 멧돼지처럼 즐거움이라는 세심한 영역을 마구 휘젓고 다닌다. 인간은 끝없이 즐거움을 좇는 동물이라는 사실은 의심할 여지가 없다.

즐거움이란 소중히 키워야 할 성스러운 불꽃으로 우리 인생에 눈부신 빛을 밝혀준다. 즐거움을 찾는 사람은 다리를 건설하거나 터널을 뚫거나 토지를 경작하는 이들 못지않게 인류를 위해 유익한 일을 하는 사람이다. 힘겨운 노동과 고통이 이어지는 생활 속에서도 행복을 찾는 능력을 유지하고, 그러한 능력을 주위 사람들에게까지 전파하는 행동은 가장 고귀한 의미에서의 결속을 도모하는 것이다.

작은 즐거움을 건네 근심 어린 사람들의 미간을 펴주고 어두운 길에 작은 빛을 밝히는 일은 저 애처로운 인간을 위한 신성한 행동이 아니겠는가! 단순함 마음을 가지면 누구나 이러한 역할을 완수할 수 있다.

우리는 스스로 행복을 찾고 또한 타인을 행복하게 해줄 만큼 단순하지 못하다. 우리는 자기 이익을 생각하지 않고 선의를 베풀려는 마음이 결여되어 있다. 우리는 흔히 상대를 위로하듯 즐거움을 전하려고 하기 때문에 오히려 부정적인 결과를 초래한다. 어떤 사람을 위로하기 위해서 우리는 어떻게 하는가? 우리는 그 사람의 고통을 부정하거나 논의하면서, 불행하다고 생각하는 그 마음이 잘 못된 것임을 납득시키려고 기를 쓴다. 이런 말을 건네면서. "친구야, 괴로워하고 있니? 너는 잘못 판단하고 있는 게 틀림없어. 나를 봐, 나는 어떤 괴로움도 느끼지 않아." 타인의 고통을 위로할 수 있는 유일한 방법은 그 고통을 마음으로 함께 하는 것이다. 인간으로서 우리가 할 수 있는 유일한 위로를 잘못 알고 엉뚱한 방법을 사용한다면, 그런 위로를 받아야 하는 그 불행한 사람은 대체 어떤 심정일까?

이웃의 기분을 풀어주고, 이웃에게 즐거운 한때를 선물하려는 어설픈 계획에서도 우리는 마찬가지로 엉뚱하게 행동한다. 이웃으로 하여금 우리의 재기에 감탄하게 하거나, 우리의 재치에 웃도록 하거나, 우리의 집에 출입하게 하거나, 우리의 식탁에 앉히며, 어디에서든 우리 자신을 보여주는 데만 신경을 쓴다. 때로는 우리가 택한 기분전환 수단을 너그럽게 베풀기도 한다.

심지어 돈을 따려는 흑심에서 이웃에게 카드놀이 등을 하며 함께 놀자고 청하기도 한다. 타인에게 있어서의 즐거움이, 우리를 감탄하거나 우리의 우월을 인정하거나 우리의 도구가 되는 일이라고 생각하는가? 상대가 보호해주는 척하며 이용하고, 들러리처럼 취급하고 있다는 것을 느끼는 것만큼 불쾌한 일이 또 있을까?

타인에게 즐거움을 주고 또한 자신도 즐기려면 우선 거추장스러운 자아를 멀리하고, 자아를 자물통 속에 넣어놓아야 한다. 자아만큼 여흥을 깨는 것이 또 없다. 즐기는 순간에는 우리의 메달이나 훈장, 지위 따위는 접어두어야 하지 않을까. 진심 어린 마음으로 상대의 뜻을 보는 것이 좋지 않을까!

때로는 그저 한 시간이라도 좋으니 다른 모든 것을 그만두고, 타인을 미소 짓게 하기 위해 살아보는 건 어떨까? 주위 사람들에게 행복과 즐거움을 주기 위해 거침없이 자신을 희생하는 법을 아는 사람들만큼 스스로 즐길 줄 아는 사람은 없을 것이다.

언제가 되어야 우리는 단순하고 진실한 인간이 되어, 다른 사람과의 만남에 있어 우리의 개인사와 어려움만을 앞세우지 않을 수 있을까? 최소 단 한 시간만이라도 우리의 가식과 허영, 우리의 갈등, 우리의 파벌 등을 잊고 어린아이로 되돌아가 보다 많은 이들을 좋은 사람으로 만들어줄 선량한 웃음을 그들에게 지어보일 수는 없는 것일까?

완전히 특별한 이야기를 전함으로써 좋은 의도를 가진 독자 여러분이 한 가지 훌륭한 일을 접할 수 있는 기회를 제공하고자 한다. 나의 목적은, 즐거움의 영역에서 꽤나 등한시되고 있는 몇 부류의 사람들에 대해 독자의 주의를 돌리고자 함이다.

사람들은 빗자루는 청소하는 데만 도움이 되고, 물뿌리개는 물을 뿌리는 데만 도움이 되고, 커피분쇄기는 커피를 가는 데만 도움이 된다고 생각한다. 마찬가지로, 간호사는 환자를 돌보는 일밖에 못하고, 교수는 가르치는 일밖에 못하고, 성직자는 설교하거나 장례미사를 지내거나 참회를 듣는 일밖에 못하고, 보초는 망보는 일밖에 못한다고 생각한다. 이렇게 보면, 성실히 일하는 사람들은 각자의 직업적 역할에 묶여 소처럼 열심히 일만 하는 셈이 된다. 그들은 기분전환을 위한 활동을 양립할 수 없다는 말이다.

더 나아가, 병이 든 사람이나 슬픔에 잠긴 사람, 파산한 사람들 즉 인생의 패배자나 무거운 짐을 짊어진 사람들은 산의 북쪽 비탈길처럼 항상 어두워야 하고, 반드시 그래야만 한다고 생각한다. 여기서 사람들은 대강 다음과 같은 결론을 내린다. 심각한 사람에게는 즐거움이 필요 없고, 그들에게 즐거움을 제공하는 것은 오히려 무례한 일이라고. 슬픔에 빠져 있는 사람에게는 또 어떤가 하면, 그들의 슬픈 상념의 실을 끊어버리는 일은 섬세한 배려라고 할 수 없다고 여긴다. 이런 까닭으로, 어떤 종류의 사람들은 언제나 심각하도록 운명 지어져 있으며, 그들에게는 심각한 표정으로 가까이 가지 않으면 안 되고, 그들에게는 심각한 일들에 대해서 이야기하는 것만 허용된다고 생각한다. 따라서 사람들은 환자의 병문안을 갈 때는 입원실에 들어서기 전에 미소를 지우고, 불행한 사람을 만나러 갈 때는 어두운 얼굴이나 슬픈 표정을 하고, 대화의 주제도 비통한 것으로 고른다. 이처럼 우리는 어두운 사람에게 어두움을 가져다주고, 그늘진 사람에게 그늘을 가져다준다. 고독한 사람들의 고독을 더욱 깊게 하고, 음울한 생활의 단조로움을 더욱 심화하는 데 기여하는 것이다. 그들이 지하감옥 같은 곳에 갇혀 있다고 생각하고, 그들의 황량한 은신처 주변에 돋아난 풀을 보고 그들에게 가까이 다가갈 때는 마치 무덤가에서 이야기하듯 낮은 목소리로 속삭인다. 이렇게 매일 이 세상에서 일어나는 잔혹한 행위를 누가 알아챌 수 있었을까! 이런 식이어서는 안 된다.

인간의 비참함을 매일 접하고 상처를 치료해줘야 하는 참혹한 역할을 맡은 사람들을 만난다면, 그들도 당신과 똑같은 인간이며 당신과 똑같은 욕구를 가지고 있다는 것을 기억하기 바란다. 또한 그들도 즐거움과 기분전환이 필요할 때가 있다는 것을 기억하기 바란다. 물론 많은 이들의 눈물과 고통을 보고 있는 그들을 가끔 미소 짓게 하는 것만으로 그들을 그 사명에서 벗어나게 할 수는 없을 것이다. 하지만 그들이 자신의 일을 한층 잘 해나갈 수 있는 힘을 심어줄 수는 있을 것이다.

또한 시련을 겪고 있는 가족이나 비탄에 처한 개인에게 다가갈 때 그들이 마치 전염병 환자인 양 선을 그어놓고 조심스럽게 대하는 것은 오히려 그들에게 슬픔을 상기시킬 뿐이다. 반대로, 마음으로부터의 동정과 그들의 고통에 대한 존중을 표한 후에 그들을 위로하고 그들이 살아갈 힘을 내도록 도와주어야 한다. 외부의 향기, 즉 그들이 불행하다고 해서 세상이 그들을 배척하지는 않을 것임을 상기시켜줄 무언가를 그들에게 전달해야 한다.

또한 바쁜 업무로 인해 그 자리에 못 박힌 듯 여유를 가지지 못하는 모든 이들을 동정하자. 이 세상에는 휴식을 취하지 못하고 즐거움도 누리지 못하고, 희생만 강요당하는 사람들이 많이 있다. 그런 사람들에게는 잠깐의 자유, 정말 하찮은 휴식마저도 아주 큰 은혜이다. 우리가 여기까지 생각이 미친다면, 그들에게 최소한의 위안을 건네는 것은 무척 쉬운 일일 것이다.

그러나 앞서 논한 것처럼, 빗자루는 청소하기 위해서만 존재하기에 피로를 느끼지 않을 거라고 생각하기 일쑤다. 밑바닥 일에 종사하고 있는 사람들의 피로를 보지 못하도록 우리의 눈을 가리는 그러한 맹목적 태도는 지양해야 한다.

의무를 다하느라 추운 곳에서 보초를 서고 있는 이들과 교대해 주어야 하지 않을까. 저승에서 무거운 바위를 산 정상으로 밀어 올리는 영원한 형벌에 처한 시시포스에게 단 한 시간이라도 숨을 쉴 여유를 주어야 하지 않을까. 아이들을 돌보고 집안일을 하느라 노예가 되어버린 주부에게 한순간만이라도 자리를 바꿔주어야 하지 않을까. 환자를 돌보느라 긴 철야로 녹초가 된 사람들을 재우기 위해 우리의 수면을 얼마만이라도 희생해야 하지 않을까.

산책을 해도 분명 재미없으리란 생각에 무료한 시간을 보내고 있다면, 요리사의 앞치마를 대신 걸쳐라. 그리고 그 요리사는 초원으로 내보내주어라. 이렇게 하면 당신은 사람을 행복하게 할 수 있고, 당신 자신도 행복해질 것이다.

우리는 무거운 짐을 짊어진 사람들의 주변을 끊임없이 걷고 있다. 언제든 우리는 그들의 무거운 짐을 잠시나마 대신 짊어져줄 수 있다. 당신이 그들에게 주는 그 짧은 휴식만으로도, 그들의 고충을 줄이고 그들의 마음에서 사라진 즐거움을 되살리며, 인간 사이의 선의에 넓은 길을 열기에 충분하다. 진심으로 상대의 입장에 서는 방법을 알고 있다면 우리는 얼마나 서로를 더 이해하게 될까. 산다는 것은 얼마나 더 즐거운 일이 될까!

—

젊은 시절의 즐거움은 아무리 반복해도 지나치지 않을 만큼 중요
하다. 젊은 사람들이 도덕적이기를 원한다면 우리는 그들의 즐거
움을 등한시해서는 안 되고, 그들에게 즐거움을 주는 배려를 우연
에 맡겨서는 안 된다.

　당신은 이렇게 말할지도 모르겠다. 요즘 젊은 사람들은 구속받
는 것을 싫어하고, 응석받이로 자라서 너무 놀기만 한다고 말이다.
이에 대해 우선 대답하자면, 아무것도 구속하지 않아도 그들에게
즐거움을 알리고, 즐거움의 방향을 제시하고, 즐거움의 기회를 만
들어줄 수 있다. 다음으로는, 젊은 사람들이 너무 놀기만 한다는 그
생각이 틀렸음을 지적하고 싶다.

　생활을 위축시키는 부자연스럽고 퇴폐적인 즐거움은 제외하고,
젊은 사람들의 생활을 꽃피우고 반짝이게 해줄 즐거움은 아주 적
은 것만 남아 있다. 정상적인 사용이 아닌 남용이 이 세상을 진창
으로 만들어버려, 남용에 더럽혀지지 않은 무언가를 접하기가 어
려워졌기 때문이다. 그 때문에 수도 없는 조심, 방어, 금지가 필요

하다. 불건전한 즐거움을 전부 피하려고 하면 실상 우리가 할 수 있는 것은 거의 없다. 오늘날의 젊은이들, 특히 자신을 소중히 여기는 젊은이에게 즐거움의 결핍은 심각한 고통을 야기한다. "즐거움이라는 이 풍요롭고 순수한 포도주를 못 마신다 해도 불편할 것은 없다"고 큰소리칠 일이 아니다. 즐거움이 없는 상태가 계속되면 오늘날의 젊은이들의 머리 위에는 어두운 그림자가 짙어질 것이다. 그들을 구하지 않으면 안 된다.

우리의 아이들은 명랑하지 않은 세계를 물려받고 있다. 우리는 그들에게 수많은 근심거리와 골치 아픈 문제들, 속박과 복잡한 것이 넘쳐나는 생활을 물려주고 있다. 우리에게 남아 있는 시간이라도 노력하여 그들의 아침을 밝게 해주어야 하지 않을까. 그들을 위해 즐거움을 설계하고, 그들이 몸을 기댈 장소를 만들어주고, 우리의 마음과 집을 열어주어야 하지 않을까. 명랑함이 단지 다른 사람에게 보여주기 위한 것이 되지 않도록 해야 한다. 어두운 가정에 등을 돌리고 거리로 달려나가는 우리의 아들들, 고독 안에서 지루해하고 있는 우리의 딸들을 불러모으자. 가능한 자주 가정의 기념일을 챙기고, 가족소풍을 가자. 집 안에서는 항상 명랑하게 지낼 수 있도록 하자.

학교도 이에 가담해야 한다. 초등학생, 중학생, 고등학생, 대학생도 더욱 자주 교사와 화합하여 즐기도록 해야 한다. 그렇게 하면 학생들은 힘든 학업도 이겨낼 수 있을 것이다. 자신의 스승을 잘 이해하기 위해서는 스승과 함께 웃었던 경험보다 나은 것은 없다. 또한 반대로, 학생이나 제자를 잘 이해하기 위해서는 교실이나 시험장 이외의 곳에서 그 학생이나 제자를 만나보아야 한다.

 "즐기려면 돈이 있어야지?" 이게 무슨 질문인가! 이것이야말로 정말 잘못된 생각이다. 사람들은 즐거움과 돈을 새의 양쪽 날개라고 생각하지만 큰 착각이다. 이 세상의 진정 귀중한 모든 것과 마찬가지로, 즐거움은 팔 수 있는 것도 살 수 있는 것도 아니다. 즐기기 위해서는 적극적으로 자기의 해야 할 몫을 다하는 것만이 필수적이다. 물론 지갑을 여는 것이 가능하다면, 또한 그렇게 하는 것이 유익하다고 생각된다면 그렇게 해도 상관없다. 하지만 단언하건대 돈은 즐기는 데 있어 꼭 필요한 것이 아니다. 즐거움과 단순함은 오랫동안 짝을 이뤄왔다. 단순하게 다른 사람을 받아들이고, 단순하게 만나자. 우선 열심히 일하고, 동료들에게 가능한 친절하게 대하고, 그 자리에 없는 사람의 험담을 하지 않는다면 당신은 분명 성공할 것이다.

이익추구 정신과 단순함

—

우리는 지금까지 세상에 팽배해 있는 하나의 편견에 대해 언급했다. 그것은 돈이 마법과 같은 힘을 가졌다고 믿는 편견이다. 이 절박한 문제에 이왕 가까이 왔으니, 이 문제를 피하지 않고 바로 언급하겠다. 이 점에 관해서는 꼭 이야기해야 할 다수의 진리가 있다는 것을 확신하기 때문이다. 그 다수의 진리는 특별히 새로운 것은 아니다. 하지만 우리가 잊고 사는 것들이다!

　우리는 돈 없이 살 수 없다고 생각한다. 돈 때문에 일어난 온갖 해악을 비난하는 어떤 부류의 이론가나 입법가들이 오늘날까지 이루어놓은 것이라곤 돈의 명칭이나 형태를 바꾼 것이 고작이다. 그들은 물건에 가치를 부여할 표식이 반드시 필요하다는 걸 깨달았을 뿐이다. 돈을 없애려는 것은 문자를 없애려는 것과 마찬가지다.

돈이 사람의 마음을 어지럽히는 문제라는 사실은 변함이 없다. 돈은 우리의 생활을 복잡하게 만드는 주된 요소 중 하나다. 우리를 버둥거리게 하는 경제적 곤란, 사회적 관습, 현대생활의 일체가 돈을 중시하여 높은 자리로 끌어올려 놓았기 때문에 돈이면 무엇이든 다 할 수 있다는, 인간이 돈에 부여한 절대적 권력은 그리 놀랄 일이 아니다. 그래서 우리는 여기에서부터 문제에 접근하지 않으면 안 된다.

돈은 상품과 짝을 이룬다. 상품이 없으면 돈은 존재하지 않을 것이다. 그러나 상품이 있는 한 돈은 어떤 형태로든 존재할 것이다. 돈을 중심으로 하는 모든 남용은 사실상 아무 관계가 없는 상품의 용어와 개념을 혼동한 데서 비롯되었다. 사람들은 어떤 가치도 없고, 가치가 있을 리 만무한 물건에도 금전적 가치를 부여하고자 했다. 구매와 판매의 개념은, 매매할 수 없는 것은 물론이고 우리의 적이자 우리를 강탈하는 것과 마찬가지인 영역에까지 침범했다.

보리나 감자나 포도주나 옷감 등을 팔고, 사람들이 그것들을 사는 것은 정당한 일이다. 또한 인간이 노동을 통해 생존권을 획득하고, 그 생존권에 해당하는 가치를 손에 넣는 것은 자연스러운 일이다. 하지만 보리나 감자 같은 물건의 가치가 생존권의 가치와 완전히 같다고 할 수는 없다. 인간의 노동은 한 포대의 보리나 한 톤의 석탄과 같은 상품이 아니다. 이 노동에는 돈으로는 그 가치를 헤아릴 수 없는 수많은 요소가 들어 있다.

절대 돈으로는 살 수 없는 것들이 있다. 예를 들면 수면이라든가, 미래를 아는 것이라든가, 재능이라든가 하는 것이 있다. 그런 것들을 우리에게 팔려고 내미는 이가 있다면 머리가 이상한 사람이거나 사기꾼이라고 생각해도 좋을 것이다. 그런데 그런 것들에 금전적 가치를 매기는 무리가 있다. 그들은 자신의 것도 아닌 물건을 팔고, 그들에게 속은 사람들은 실제로 있지도 않은 물건을 구입하기 위해 돈을 지불한다. 이를테면 즐거움을 파는 상인, 사랑을 파는 상인, 기적을 파는 상인, 조국애를 파는 상인 등이 있다. 실제 상품을 거래하는 사람을 가리키는 '상인'이라는 명칭은, 마음이나 종교나 국가를 팔아먹는 지경에까지 이르면 최악의 오욕이 되는 것이다.

자신의 감정, 명예, 신분, 사고 따위를 사고파는 것을 부끄러워해야 한다는 데는 모두 동의할 것이다. 하지만 이론적으로 동의할 뿐, 불행하게도 고결한 윤리적 진리에는 물론이고 평범한 일상 영역에조차 이 이론을 적용하기란 쉽지 않다. 세상 모든 영역에 거래가 침투해 있다. 심지어 장사치들은 성전에까지 파고들었다. 여기서 말하는 성전은 종교상의 성전만을 뜻하는 게 아니라, 모든 신성불

가침의 영역을 의미한다. 실상 우리의 생활을 복잡하게 하고 부패시키고 변질시키는 것은 돈이 아니라 우리의 '이익추구'인 것이다.

—

이익추구 정신은 모든 것에 단지 하나의 물음을 던진다. "이건 얼마나 돈이 될까?" 이익추구 정신은 모든 것을 하나의 진리로 요약한다. "돈만 있다면 뭐든 손에 넣을 수 있다." 이 두 가지 행동원리에 의해 사회는 글로 표현하기 어려운, 상상도 미치지 않을 만큼의 오욕에 빠지는 듯하다.

"이건 얼마나 돈이 될까?" 이 물음이 자신의 노동으로 생활을 유지하기 위해 하는 물음이라면 너무나도 정당한 것이다. 하지만 이 한계를 이탈하여 생활 전체를 지배하게 되면 재앙이 된다. 이는 너무나 명백한 진리이기에, 돈만 따지는 것은 우리의 생계수단인 노동까지 비천한 것으로 만들어버린다.

가령 내가 일을 하여 그에 따른 보수를 받는다면, 그 일에는 어떤 비천함도 없다. 하지만 그 일을 하는 사이사이 보수를 받고 싶다는 일념에 사로잡혀 있었다고 하면 그것만큼 한심한 일이 없다. 보수만을 목적으로 일하는 사람은 제대로 일을 못한다. 그 사람의 관심은 일이 아니라 돈에 있기 때문이다. 그와 같은 사람은 자신의 이익을 줄이지 않고도 보다 게으름을 피우며 편하게 일할 수 있다면 그렇게 할 것이다. 목수든 경작자든 공장 노동자든 간에 자신의 일을 사랑하지 않는 사람은, 일에 흥미를 갖지 못하고 그 일을 중요히 여기지도 않는다. 한마디로 나쁜 노동자다.

사례만을 눈독 들이는 의사에게는 생명을 맡길 수 없다. 그런 의사는 자신의 지갑을 배불리하는 것만 생각하며 일하기 때문이다. 당신의 병이 더 오래가는 것이 이익이 된다면, 그 의사는 당신의 건강을 보살피는 대신 그 병이 언제까지라도 낫지 않도록 할 것이다.

아이들의 교육에 종사하면서 이익만을 사랑하는 교사가 있다는 것은 슬퍼해야 할 일이다. 단지 그 교사가 이익을 추구하기 때문이 아니라, 그 교사의 수업은 분명 재미없을 것이기 때문이다. 또한 돈을 위해서 기사를 쓰는 저널리스트의 글이 무슨 가치가 있을까? 당신이 단순히 돈을 위해서 글을 쓰게 된다면, 당신의 문장은 그 돈만큼의 가치마저도 없어진다.

이익추구를 목적으로 하는 일은 발전이 없고 부패하기 마련이다. "어떠한 노력이라도 보수를 받을 가치가 있으며, 생활을 유지하기 위하여 노력하는 자는 누구라도 태양 아래 당연히 그 자리를 가져야 한다." 또한 누구든지 어떤 유용한 일도 하지 않는 자는 자신의 생계를 영위하지 않는 자이며, 한마디로 기생충에 지나지 않는다고 것은 당연한 진리다.

이익추구가 인간 행동의 유일한 동기라고 생각하는 것만큼 중대한 사회적 오해는 없다. 우리의 일이 체력에 의해 이루어지는 것이든, 따뜻한 마음에 의해 이루어지는 것이든, 또는 머리를 써야 하는 것이든 간에 그 일은 누구도 돈으로 보상해줄 수는 없는 것이다. 두 명의 사람이 각각 똑같은 능력과 힘으로 일을 해도 그 결과물이 완전히 다르게 나온다는 것은 인간이 기계가 아님을 증명하는 사실이다. 이와 같은 현상의 원인은 어디에 있을까? 바로 두 사람의 의도의 차이에 있다. 한 사람은 이익추구를 위해, 다른 한 사람은 단순한 영혼을 가지고 일을 하는 것이다. 두 사람 다 일에 대한 보수를 받지만, 전자의 일은 열매를 맺지 못하는 데 반해, 후자는 그 일에 자신의 혼을 불어넣는다. 전자의 일은 영원히 아무것도 나오지 않는 모래밭과 같은 것이고, 후자의 일은 흙 위에 던져진 씨앗과 같은 것으로 머지않아 싹을 틔우고 열매를 맺을 것이다. 겉으로 보기에는 남들과 똑같이 하는 것 같은데 성공하지 못하는 사람이 있다면 그 비밀을 밝히는 데 이보다 적합한 예는 없을 것이다. 기계적으로 일하는 인형에게는 재생산이란 없으며, 이익추구만을 위한 인간의 일은 열매를 맺지 못한다.

물론 우리는 경제적 현실 앞에 머리를 숙이고, 여러 생활의 곤란을 인정하지 않을 수 없다. 의식주를 해결하고, 가족을 보살피기 위해서는 우리의 행동수단을 연마하는 일이 나날이 절박해진다. 이러한 어쩔 수 없는 필요를 고려하지 않고, 계산을 따져보지 않고, 미래를 염려하지 않는 사람은 공상가나 눈치 없는 인간으로 여겨진다. 또한 지금은 그 인색함을 경멸하고 있는 사람에게 연민을 구걸하게 될지도 모른다.

그렇다 해도, 이런 종류의 걱정에만 몰두하고 있으면 우리는 어떻게 될까? 만약 완벽한 회계사가 되어 우리의 노력을 금전적으로 이득이 되는 일에만 쏟아붓고, 이득이 안 되는 일은 무엇 하나 하려 하지 않고, 회계부에 숫자로 나타나지 않는 것은 모두 무익하며 헛수고라고 간주하게 된다면, 우리는 어떻게 될 것인가?

우리의 어머니들은 우리를 사랑하거나 우리를 키워주는 데 무언가를 받았던가? 만약 우리가 늙은 부모를 사랑하고 보살피는 데 보수를 받으려고 한다면, 우리의 효심은 어찌 되는 것인가?

"사실을 말하면 어떻게 될까?" 불쾌한 일을 당하거나, 때로는 괴로운 상황에 처하거나 또는 박해를 받을지도 모른다. "나라를 지키면 어떻게 될까?" 피곤해지거나 부상을 당하거나 목숨을 바쳐야 할 수도 있다. "선을 베풀면 어떻게 될까?" 싫은 일을 당하거나, 은혜를 원수로 되갚는 이를 만나거나, 한술 더 떠 원망을 사게 될 수도 있다. 이렇듯 인류의 모든 본질적인 일을 하는 데는 헌신이 뒤따른다. 아무리 이상한 계산적인 인간이라 해도, 다른 계산적이지 않은 사람에게서 도움을 구하지 않고는 결코 이 세상을 살아갈 수 없다. 흔히들 큰돈을 버는 사람은 머리가 비상해서 성공했다고 생각하지만 자세히 보면, 그들이 큰돈을 버는 데는 계산적이지 않은 사람들의 헌신이 있었다. 만약 그들이 자기와 똑같은 부류의 간사하고 교활한 인간만을 만났더라면, 과연 성공할 수 있었을까?

그렇다면 한번 소리 높여 외쳐도 좋지 않을까. 세상이 유지되고 있는 것은, 그다지 계산적이지 않은 사람들의 힘이라고. 남을 위해 봉사하는 일, 고되고 힘겨운 일은 세상에 거의 알려지지 않거나 전혀 알려지지 않는다. 정말 다행스러운 것은, 타산이 맞지 않는 일 혹은 고된 일들, 이를테면 자기의 돈을 쓰고 자기를 희생하고 생명마저 바쳐야 할 것 같은 일들을 기꺼이 받아들이기 위해 기다리는 사람들이 언제까지나 남아 있다는 것이다. 이러한 사람들의 역할은 무척 힘든 것이고, 때로는 실망도 따를 것이다. 종종 우리는 그들이 과거를 회상하며 "고생 끝에 얻은 것은 쓴맛뿐이었다"고 털어놓는 것을 목격하기도 한다. 그들은 이야기 끝에 이런 결론을 내린다. "결국 나는 바보 같아서 그런 일을 한 거야." 그들이 그렇게 생각하는 것도 당연하다. 왜냐하면 돼지에게 진주를 던져주는 것은 언제나 잘못된 행위이기 때문이다. 하지만 그 사람의 생애에서 진정 훌륭한 행동은, 다른 이의 배은망덕으로 인해 그가 나중이 되면 '후회스럽다'고 말하게 될 그 행동을 주저 없이 했다는 것이다. 아직까지 세상에는 이러한 사람들이 얼마나 많은지 모른다! 인류가 진정 소망해야 할 것은, 이러한 바보 같은 행동의 수가 늘어나는 일이 아닐까.

—

이제 이익추구자들의 신념에 대해 이야기할 때가 되었다. 그들의 신념은 단순하다. "돈만 있으면 뭐든 손에 넣을 수 있다"는 단 하나의 진리다. 이들의 사회생활을 관찰하면 표면적으로 이것만큼 명백한 것도 없다. '전쟁의 원동력', '산처럼 쌓인 증거', '모든 문을 열 수 있는 열쇠', '세계의 왕!' 등 돈의 영광과 힘을 칭하는 모든 말들을 주워모으면 아마 성모마리아의 찬가보다도 긴 말이 이어질 것이다.

지갑이 텅 빈 사람의 마음을 알고 싶으면 한 푼도 없이 살아보면 된다. 삼사 일 동안이라도 친구나 지인으로부터 멀리 떨어져서, 이를테면 낯선 환경에서 돈 없이 살아보면, 아마 당신은 안정적인 사람이 일 년간 겪을 수 있는 일들을 단 48시간 만에 전부 겪게 될 것이다.

슬프게도 어떤 사람들은 원치 않아도 이러한 경험을 하게 된다. 만일 당신이 파산을 하게 되면 당신을 알았던 오랜 동료들, 예전 협력관계에 있던 사람들, 심지어 은혜를 입었던 사람들까지 당신을 모른 척할 것이다. 당신을 외면하는 그 사람들은 얼마나 쓰라린 마음으로 이익추구 정신을 곱씹을까. "돈만 있으면 뭐든 손에 넣을 수 있다. 돈 없이는 뭐 하나 손에 넣을 수 없다"고 말이다. 당신은 그들에게 사람이 아니게 되고, 모든 사람이 당신을 피할 것이다. 구더기는 시체에 꾀어들고, 사람은 돈에 꾀어든다. 반대로 돈이 없어지면 누구도 다가오지 않는다. 이러한 이익추구 정신 때문에 얼마나 많은 사람들이 눈물을 흘렸을까! 어쩌면 과거에 금송아지의 숭배자였던 사람들마저 흘렸을 그 쓰라린 눈물을, 피의 눈물을….

이익추구 정신은 완전히 틀려먹었다. 아주 잘못된 생각이다. 사막에서 길을 헤맬 때는 아무리 부자라 한들 단 한 방울의 물도 손에 넣을 수 없으며, 늙은 백만장자가 한 푼도 없는 건장한 젊은이에게 그 스무 살의 연령과 늠름한 건강을 사기 위해 재산의 절반을 지불

할 의사가 있다 한들 젊음과 늙음을 맞바꿀 수는 없다는 뻔한 이야기를 구태여 끄집어내 이익추구 정신을 공격할 생각은 없다. 또 진정한 행복은 돈으로 살 수 없음을 증명할 생각도 없다. 그렇게 해봤자, 돈 있는 사람 가운데 많은 이들이, 또 돈 없는 사람 가운데 많은 이들이 상투적이라며 비웃을 것이 뻔하기 때문이다. 그렇기에 다만 나는 모든 사람이 입으로 반복하고 있는 저 이익추구 정신에 숨겨진 커다란 거짓을 확실히 하기 위해 여러분 각자의 추억과 경험에 호소할 생각이다.

–

당신이 지갑을 두둑이 채우고 유명 온천 마을에 간다고 하자. 그 온천 마을은 세상에 널리 알려지기 전에는 단순하고 예의 바르며 친절한 사람들이 있는 곳이었다. 그 사람들은 큰 비용을 들이지 않고도 삶을 즐기면서 사는 이들이었다. 그런데 이 온천 마을이 좋다는 입소문이 널리 퍼져 많은 이들이 찾아오자, 마을 사람들은 이 온천 마을을 어둠 속에서 끌어내고 환경조건, 기후조건, 독특한 분위기 등을 이용해 어떠한 이익을 얻을 수 있는지를 알게 되었다.
　당신은 입소문을 믿고 온천 마을로 향한다. 수중에 있는 돈으로 부자연스러운 문명 세계에서 가능한 한 멀리 벗어나 조용한 은신처에 머물기를 희망하며, 그곳에서 시 쓰기를 즐기며 여유를 되찾으리라 기대한다.

온천 마을의 첫인상은 괜찮은 편이다. 그곳의 자연환경과 아직 없어지지 않은 순박한 풍습에 마음을 빼앗기고 당신은 그 마을에 호감을 느낀다. 그런데 하루하루 온천 마을에 대한 인상이 나빠지고, 숨겨진 이면이 보이기 시작한다. 수백 년 된 전통 가옥에서 볼 법한 가구, 진짜 오래된 전통 있는 가구라고 믿었던 것들이 실상은 어수룩한 손님을 속이기 위한 트릭에 지나지 않았던 것이다. 또 그곳의 모든 물건에는 가격이 매겨져 있다. 토지에서 주민에 이르기까지, 모든 것이 파는 상품이었던 것이다. 그곳의 소박했던 마을 사람들은 이 세상의 교활한 사업가가 되어버렸다. 어떻게 하면 최소한의 비용으로 당신에게서 이익을 취할 수 있을지 고민하느라 머리를 싸매고 있다. 거미줄처럼 빈틈없이 짜인 함정을 치고 그들이 기다리고 있는 것은, 다름 아닌 바로 당신인 것이다.

단순하고 정직했던 그 옛날, 피곤에 지친 도시인에게 있어 이곳 주민들과의 만남은 무척 고마운 것이었다. 그랬던 주민들이 이익 추구만을 목적으로 하는 사회제도 안에서 20~30년 만에 이렇게 변해버린 것이다. 직접 구운 빵은 자취를 감추었고, 버터는 공장에서 만들어지며, 그들은 우유에서 지방을 분리하는 방법이나 포도주를 위조하는 최신 수법을 기가 막히게 잘 알고 있다.

그 마을을 떠나면서 당신은 남은 돈을 세어보고, 줄어든 돈을 보며 투덜거린다. 하지만 그건 잘못된 것이다. 이 세상에 돈으로 살 수 없는 것이 있다는 확신을 얻기 위해서는 아무리 많은 돈을 지불한다 해도 아깝지 않아야 한다.

또 가령 당신의 집안일을 도와줄 지혜롭고 유능한 사람을 구한다고 하자. 돈만 있으면 뭐든 손에 넣을 수 있다는 원리에 의하면 당신은 적은 급료, 보통의 급료, 넉넉한 급료, 아주 넉넉한 급료, 최상의 급료 중 어느 것을 지불하느냐에 따라 그에 대응하는 형편없는 사람, 보통의 사람, 뛰어난 사람, 아주 뛰어난 사람, 최상의 인재를 찾을 수 있을 것이다. 하지만 구직자들은 너 나 할 것 없이 자기가 최상의 등급에 속해 있다고 말할 것이고, 자신의 주장을 증명해보이기 위한 증명서를 앞다퉈 내보일 것이다. 그런데 막상 고용해보면, 자신을 최상의 인재라고 소개했던 그 사람들은 실제로는 할 줄 아는 게 아무것도 없는 경우가 허다하다. 그렇다면 왜 그들은 당신에게 고용되려고 했을까? 그들에게 속마음을 털어놓으라고 하면, 어떤 희극에 등장하는, 많은 임금을 받으면서도 뭐 하나 할 줄 모르는 요리사처럼 대답할 것이다.

"왜 당신은 요리를 잘한다고 거짓말을 했나요?"

"돈을 더 많이 받을 수 있으니까요."

이것은 중요한 일이다. 많은 보수를 받고 싶어 하는 사람은 언제라도 찾을 수 있다. 하지만 그 일을 해낼 수 있는 사람은 좀처럼 찾을 수가 없다. 또, 만일 당신이 성실한 사람을 필요로 한다면 입장은 더욱 곤란해질 것이다. 이익추구 인간은 쉽게 찾을 수 있지만, 헌신적인 사람은 쉽게 찾을 수 없기 때문이다.

분명 세상에는 헌신적이면서 성실하고 지혜롭기까지 한 사람도 반드시 존재할 것이다. 나는 결코 그들의 존재를 부정하려는 것이 아니다. 그들은 일한 만큼 충분한 보수를 받지 못하는 사람들 사이에도 존재할 것이고, 넉넉한 보수를 받는 사람들 사이에도 존재할 것이다. 어쩌면 전자의 사이에 더 많이 존재할지도 모른다. 그들이 어디에서 일하고 있는지 이야기하려는 것이 아니다. 중요한 것은, 그들의 헌신은 계산적인 속셈에서 나온 행동이 아니라는 것이다. 그들은 기본적으로 단순함을 가지고 있고, 그로 인하여 자기를 희생할 수 있기에 헌신적일 수 있는 것이다.

앞서 언급했듯, 돈은 '전쟁의 원동력'이라고 일컬어진다. 사실 전쟁은 돈이 드는 것이며, 그것은 우리가 몸으로 느껴 알고 있는 것이다. 그럼 나라를 지키고, 나라를 명예롭게 하는 것은 단순히 나라가 잘사는 것만으로 충분할까? 그리스인은 예전에 페르시아인에게 그와 반대되는 상황을 증명해 보였다. 그리고 그 증명은 역사상에서 반복하는 것을 멈추지 않을 것이다.

돈이 있으면 군함이나 대포, 말을 살 수는 있지만 군사전략이나 정치적 지혜, 군기, 열광을 살 수는 없다. 징병관에게 수십억의 돈을 주며 1명의 위대한 지휘관과, 프랑스혁명을 주도한 무산계급 출신의 상 퀼로트처럼 용맹한 한 사단을 데려오라고 한다면, 그는 아마 1명의 지휘관 대신 100명의 지휘관을, 용맹한 한 사단 대신 1,000명의 병사를 데려올 것이다. 당신의 돈이 제대로 된 병사를 위해 지불되었는지는 그들을 전쟁터에 내보낸 뒤에야 알 수 있을 것이다.

돈만 있으면 가난한 사람에게 위안을 주고, 선행을 베풀 수 있다고 생각하는 사람도 있을지 모른다. 슬프게도 그것 또한 착각이다. 돈은, 고액의 돈이든 소액의 돈이든 간에 남용의 습관을 싹 틔우는 씨앗이다. 거기에 지성이나 친절, 인간의 위대한 경험을 덧붙이지 않는 한, 당신은 선이 아닌 악을 베풀게 될 뿐이다. 그리하여 당신에게 돈을 받는 사람들, 또한 그들에게 당신의 돈을 나눠주는 일을 하는 사람마저 부패시킬 위험이 있다.

모든 걸 돈으로 움직일 수는 없다. 돈은 분명 힘이 있지만 전능하지는 않다. 이익추구만큼 우리 생활을 복잡하게 하고, 어지럽히고, 사회의 건전한 움직임을 일그러뜨리는 것도 없다. 돈이 군림하는 곳은 어디든 모든 사람에 대한 모든 사람의 속임수가 있을 뿐이다.

사람은 이미 누구도 신용할 수 없게 되었고, 가치 있는 것은 이미 무엇 하나 손에 넣을 수 없게 되었다. 돈을 비방하려는 것이 아니다. 하지만 돈에 대해서도 공통의 규범을 적용시키지 않으면 안된다. "모든 것을 제자리에 두어라!"라고 하는 그 공통의 규범을….

우리를 돕는 종이 되어야 할 돈이 인간의 윤리적 삶과 위엄, 자유를 존중하지 않는 폭력으로 작용할 때는, 이를테면 누군가 돈을 손에 넣기 위해 상품도 아닌 것을 시장에 가지고 나왔을 때는, 부를 소유한 어떤 이가 누구도 사고파는 것이 허용되지 않는 것을 돈으로 살 수 있다고 생각할 때는 그와 같은 야비하고 범죄적인 맹신에 대해서 우리는 저항하지 않으면 안 된다. 그 사기꾼들에게 큰 소리로 외쳐야 한다. "당신의 돈은 너와 함께 몰락할 것이다!"

인간이 가진 가장 귀중한 것은 대부분 인간이 공짜로 받은 것들이다. 그렇기에 인간도 자신의 것을 공짜로 주는 법을 알아야 한다.

명성과 세상에 알려지지 않은 선행

––

우리 시대의 주된 유치한 짓 중 하나는 명성을 얻고 싶어 한다는 것이다. 세상에 자기의 이름을 알리고 싶어 하는 부류들은 명성이란 욕망의 포로가 되어서 자기를 선전하고 싶어 안달이 나 있다. 그들의 눈으로 보면, 세상에 이름을 알리지 못하는 것은 아주 굴욕적인 일이다. 그들은 사람들에게 인정받기 위해서라면 분명 어떠한 일도 마다하지 않을 것이다.

그들은 자신을 '길을 잃은 인간'이라 생각한다. 어느 폭풍우 치는 밤에 바위에 부딪쳐 배가 난파되어 외딴 섬에 도착한 길 잃은 인간은, 큰 소리를 내거나 폭죽을 터뜨리거나 불을 지펴서 다른 사람에게 자기의 존재를 드러내기 위해 모든 신호를 보내야 한다는 것이다.

폭죽이나 불화살을 올리는 것에 만족하지 않고, 어떻게 해서든 자신을 알리기 위해 비열한 짓을 하거나 범죄를 저지르는 이도 있다. 악행으로라도 후세에 자기의 이름을 남기고 싶어 아르테미스 신전을 불태운 헤로스트라투스를 따라 악명을 떨치고 싶어 하는 자들이 있다. 오늘날에도 얼마나 많은 사람들이 어떤 유명한 것을 파괴하거나, 어떤 사람의 명성에 흠집을 내거나 혹은 흠집 내기를 시도하거나, 또는 스캔들이나 비열한 짓 혹은 잔학한 짓을 저질러 악명을 떨치고 있는가.

이와 같은 명성에 대한 욕망은 제정신이 아닌 사람들, 투기꾼들, 모든 계층에서 움직이는 협잡꾼과 허풍쟁이들에만 만연한 것이 아니라, 정신적·물질적인 모든 영역에도 퍼져 있다. 정치계도, 문학계도, 과학계마저도, 더 나아가 종교계나 자선단체에도 명성에 대한 욕망이 퍼져 있다. 훌륭한 행위를 칭찬하는 나팔이 온종일 울리고, 사람들의 영혼을 개종시키려고 시끄럽게 떠들어댄다.

급속히 번지는 이 소음은 조용한 은신처까지 침범해 안정된 정신을 가진 이들을 어지럽히고, 선을 위한 활동을 부패시킨다. 모든 것을 보여주려는, 아니 더 정확히는 모든 것을 과시하려는 욕망은 점점 더 커지고, 감춰진 것의 진가를 알아보는 능력은 점점 줄어들고 있다. 게다가 사람들이 떠들어대는 소리만으로 사물의 가치를 판단하려는 나쁜 버릇이 생긴 탓에 진실한 사람의 판단은 무시해 버린다. 이렇게 가다가는 사회가 결국 넓은 시장으로 변해버려, 각자가 천막을 치고 그 앞에서 북을 두드리며 남의 이목을 끌려고 하지는 않을까.

시장의 먼지와 견디기 힘든 소음으로부터 아주 멀리 벗어나면 다행히도 우리는 아늑하고 조용한 숲속에서 평온하게 숨 쉴 수 있다. 그곳에서 우리는 작은 개울이 얼마나 맑은지, 숲이 얼마나 고요한지, 고독이 얼마나 즐거운지를 알고 놀란다. 고맙게도, 아직 소음이 침범하지 않은 은신처가 있는 것이다.

어마어마한 소란이 일어도, 어릿광대들이 왁자지껄 떠드는 소리가 귀를 따갑게 할지라도 그 소리는 어느 한계선까지밖에 도달하지 못한다. 한계를 넘어서면 소음은 점차 진정되고, 조금씩 사라진다. 침묵의 영역은 소리의 영역보다 광대하다. 침묵의 영역에서야 우리는 위안을 얻을 수 있다.

세상에 알려지지 않은 선행, 즉 조용한 움직임이 있는 무한의 세계로 들어가보자. 누구의 발자국도 찍히지 않은 깨끗한 눈, 깊은 숲 속에 숨어 피어난 꽃, 끝없는 지평선과 맞닿아 있는 듯한 오솔길을 보면 우리는 그 매력에 한순간에 빠져든다. 세상은 수고로움으로 이루어지고, 가장 활동적인 노력은 어디에든 숨어 있다. 자연은 자기의 일을 감추기 위해 아름다운 모습으로 가장한다. 만약 눈에 보이는 결과 외에 자연이란 실험실에서 벌어지는 비밀을 알고 싶다면, 자연을 자세히 들여다봐야만 한다.

마찬가지로, 인간사회에 있어서도 선을 위해 일하는 여러 힘은 우리 눈에 보이지 않으며, 우리 각자의 생활에서도 보이지 않는다. 즉 우리가 가지고 있는 가장 좋은 것은 우리 안의 깊은 곳에 숨어 있어 말로 표현할 수 없다. 우리 존재의 근본과 뒤섞인 그 힘은 밖으로 드러나기를 꺼린다. 그 힘을 드러내는 것은 스스로를 모독하는 일이라고 여기기 때문이다.

오직 신만이 알 수 있는 자기 안의 내면세계를 갖는 일은 더할 나위 없이 고요한 기쁨이다. 우리의 충동이나 쾌활함, 나날이 새로워지는 용기, 외부를 향해 움직이는 가장 강력한 행동의 동기는 모두 내면에서 비롯된다. 내면의 삶이 힘을 잃으면, 즉 우리가 겉모습에 치중해 내면세계를 소홀히 하면, 인간은 겉모습으로 얻은 것만큼의 가치를 상실하게 된다. 슬픈 숙명처럼, 세상 사람들에게 찬사받을수록 우리는 내면의 진정한 가치를 상실하는 것이다. 세상에서 가장 좋은 것은 세상에 알려지지 않은 것이다. 그것을 알고 있는 자만이 소유할 수 있고, 그가 그것을 세상에 알리는 순간 그것은 매력을 잃어버리기 때문이다.

자연을 열렬히 사랑하는 사람들은 마을과 떨어진 외딴 곳, 깊은 숲속 등 누구에게나 허락되지는 않는 곳에서 가만히 자연을 바라보는 것을 좋아한다. 그러한 사람들은 시간과 생활을 잊은 채 인적 드문 외로운 곳에서 새가 둥지를 틀고 새끼들을 품어 기르는 모습, 이름 모를 새가 우아하게 선회하는 모습을 며칠이고 가만히 바라보고 있을 것이다. 이처럼 우리는 속박도 없고, 거드름도 없고, 어떤 종류의 과시도 없고, 단순히 좋다고 생각하는 것을 감사히 여기고, 그 외의 것은 신경 쓰지 않고 본래의 자기 자신으로 돌아가기를 바라는 단순한 생활에서 행복을 찾아야 한다.

-

실제 생활에서 마주한 몇 가지 예를 들어보겠다. 이 사례에 등장하는 인물들의 이름은 비밀에 붙일 테니, 이 관찰이 조심성 없다고 비난받을 일은 없을 것이다.

내 고향 알자스에는 보주 숲으로 이어지는 조용한 길 위에서 30년간 줄곧 한 가지 일만을 하는 한 석공이 있다.

우리가 그 길 위에서 처음 만났을 때 나는 꿈을 안고 대도시를 향하던 젊은 학생이었는데, 그의 모습을 주의 깊게 보았다. 그가 돌을 깎으며 노래를 흥얼거리고 있었기 때문이다. 우리는 몇 마디 말을 주고받았고, 그는 마지막에 이렇게 덧붙였다. "그럼, 용기를 내서 다녀오세요. 성공을 빌어요!"

그날 이후 나는 여러 일을 겪으며, 괴로울 때나 즐거울 때 그 길을 오갔다. 학생이었던 나는 어른이 되었지만 그는 그 자리에 그대로 있었다. 계절에 따라 등에 거적을 쓰고, 머리를 보호하기 위해 모자를 눌러쓰는 등 차림새가 조금씩 달라지긴 했지만 그 숲에는 여전히 그의 힘 있는 망치 소리가 울려 퍼졌다.

가엾게도, 이제 노인이 되어버린 그의 굽은 허리 위로 그간 얼마나 많은 돌풍이 스치고 지나갔을까! 그의 생활, 그의 가족, 그의 나라에 얼마나 많은 액운이 덮쳤을까! 그럼에도 그는 길 위에서 계속 돌을 깎고 있고, 나는 그곳을 오갈 때마다 그를 찾는다. 그는 세월의 풍파로 주름진 얼굴에 미소를 띠며, 어두운 날에도 자애롭게 말을 한다. 돌이 깨지는 소리와 마주치는 그의 목소리가 내 가슴에 뚜렷한 인상을 남긴다. 이 소박한 사람의 모습을 볼 때마다 내가 받는 감동은 도저히 말로 형용할 수 없다. 그는 이런 내 마음을 전혀 눈치채지 못하겠지만.

떡갈나무가 자라는 것과 같이, 태양을 뜨게 하는 신과 같이 자신을 바라보고 있는 사람에게 신경을 뺏기지 않고 자신의 일에 부지런히 힘쓰고 있는 이름 없는 일하는 손! 그와 같은 일하는 손과 얼굴을 마주치는 것만큼 힘이 되는 일이 없다. 동시에, 우리의 마음속에 틀어박힌 허영심에게는 그 일하는 손을 마주하는 것만큼 엄한 형벌도 없을 것이다.

나는 또한, 교직에 몸담고 일생을 살아온 나이 든 교사들을 많이 알고 있다. 인간에게 필요한 기초지식과 몇 가지 행동원칙을 돌보다 딱딱한 머리에 집어넣어야 하는 직무에 시달리는 교사들 말이다. 교사라는 직업은 세상 사람들에게 그다지 주목받지 못하지만 그들은 영혼을 다해 아이들을 가르쳤다. 세상에 알려지지 않았던 그들은 죽어 무덤에 묻히면 누구에게도 기억되지 않을 것이다. 하지만 그들을 위한 보상은 그들의 사랑 안에 있다. 세상에는 알려지지 않았지만 그들 이상으로 위대한 사람들은 없을 것이다.

—

선행은 여러 형태로 우리 삶에 숨어 있기에, 그것을 발견하는 일은 가장 교묘하게 위장된 나쁜 일을 밝히는 것과 마찬가지로 무척 어렵다. 정치적인 이유로 강제노동 형에 처해져 생애의 10년을 시베리아에서 지낸 한 러시아인 의사는, 몇 명의 수감자뿐 아니라 간수들 사이에서도 관용과 용기와 인간미를 느낄 수 있었다고 말했다. 여기서 잠시 우리는 이렇게 묻고 싶어질 것이다. "선행은 대체 어디에 둥지를 틀고 있는 걸까?"

실제로 인생에서 우리는 놀랍고 당혹스러울 정도로 대조되는 모습을 종종 발견한다. 이를테면 세상에서 훌륭한 인간으로 인정받으며, 그 사회에서 훌륭한 인간으로 통하고, 정부나 교회에서 그가 훌륭한 인간임을 보증해주고, 무엇 하나 부족한 것이 없는 인간임에도 그 내면은 너무나 거칠고 잔인하고 메마른 사람이 있다. 이에 반해, 겉모습은 보잘것없어 보이는 사람에게서 진정한 애정이나 헌신에의 갈증 같은 것이 발견되어 놀라는 일도 있다.

—

사람들에게 알려지지 않은 선행을 이야기할 때, 오늘날 가장 부당한 취급을 받고 있는 사람들, 즉 부자에 대해서 말하고자 한다.

어떤 사람들은 돈의 병폐가 발생한 데 대해 부자들이 결정적인 역할을 했다고 본다. 큰 재산을 가진 사람들은 모두 '불행한 인간의 피로 배를 채운 괴물'이라고 치부하는 것이다. 그만큼 과장하지는 않는 사람들 또한 부를 이기주의나 냉정함과 혼동하곤 한다. 무의식적이든 의도적이든, 이 같은 오해는 바로잡아야 한다.

물론 부자 중에는 누구의 일에도 신경 쓰지 않거나, 단지 과시하기 위해 선행을 베푸는 사람들이 있다. 그러한 부자의 수법은 금방 들통나기 마련이다. 하지만 비인간적인 행동이나 작위적인 행동을 하는 부자가 있다고 해서, 다른 그렇지 않은 부자가 배려심을 가지고 베푼 선행 또한 가치가 없다고 말할 수 있는가?

나는 사랑하는 사람이 불행을 겪는 모습을 목격한 한 사람을 알고 있다. 그는 사랑하는 아내가 죽어가는 모습을 보았고, 나아가 아이들이 차례로 죽어가는 걸 보았다. 결국 그에게 남은 것이라고는 노동의 결과로 얻은 큰 재산뿐이었다. 그는 그 재산을 소비하지 않고 극히 단순한 생활을 했다. 대신 그는 자신의 재산으로 선행을 베풀었고, 더 많은 사람들을 도울 수 있는 기회를 찾아나섰다.

그는 많은 사람들을 빈곤에서 구해주었다. 참혹한 사람들의 고통을 가볍게 해주었고, 어두운 생활을 하는 사람들에게 작은 빛을 주었고, 친구들에게 그들이 기대하지 못한 선물을 하기 위해 얼마나 많은 궁리를 짜냈는지… 그것은 누구도 상상할 수 없는 것이었다. 타인에게 선행을 베풀고, 그것이 누구의 덕인지 모른 채 사람들이 놀라워하는 모습을 보는 것이 그의 기쁨이었다. 그는 운명의 부당한 처사를 배상해주거나, 불행한 운명에 사로잡힌 가정에 기쁨의 눈물이 흐르는 것을 좋아했다. 그는 자신이 하는 일이 발각되는 걸 두려워하면서, 사람들이 알지 못하게 끊임없이 선행의 계획을 세웠다. 그의 선행은 대부분 그가 죽은 후에 밝혀졌지만, 아직까지 밝혀지지 않은 선행은 또 얼마나 많을까. 그는 진정으로 재산을 나누는 법을 알고 있는 사람이었!

재산을 나누길 바라는 사람은 크게 두 부류로 이야기할 수 있다. 타인의 재산을 나눠 갖기를 바라는 사람과 자신의 재산을 남과 나누기를 바라는 사람이다. 전자는 탐욕으로 가득한 사람이고, 후자는 희귀하며 귀중한 사람들이다. 자기의 것을 나눈다는 것은 자기를 넘어 다른 사람들의 행복이나 불행을 아는 훌륭한 마음을 가져야 하기 때문이다. 다행스럽게도 이처럼 선을 행하는 사람들은 아직 없어지지 않았다. 그들이 구하려고도 하지 않을 존경을 그들에게 바치는 것으로 나는 순수한 만족을 느낀다.

내가 계속해서 같은 말을 늘어놓는 것을 이해해주기 바란다. 무언가 좀 더 아름다운 것에 눈길을 주고, 외딴 곳에 베풀어지는 무의식적인 친절함이 밴 향기를 들이마심으로써 수많은 불길한 일이나 헐뜯음, 비관주의, 부정한 세계의 불쾌함으로부터 도망칠 수 있다면 얼마나 좋을까.

외국에서 와서 아직 파리 생활에 그다지 익숙하지 않은 한 부인이 파리에서 볼 수 있는 광경의 역겨움에 대해 말한 일이 있다. 지저분한 스티커, 저속한 신문, 머리를 물들인 여자들, 경마, 도박, 번화가로 돌진하는 군중 등 표면적·사회적 생활의 물결 같은 광경의 역겨움을 말이다. 그 부인은 타락의 대명사인 바빌론을 입에 올리지는 않았지만 아마 파리라는 이 멸망의 웅덩이에 잠긴 도시 주인의 한 사람인 나에게 연민을 가졌던 것 같다.

"그렇습니다, 부인. 참 한탄스러운 일입니다. 하지만 당신이 본 것이 전부는 아닙니다."

"그 이상은 보고 싶지도 않아요!"

"지금의 생각에 머물 것이 아니라 저는 당신이 모든 것을 보면 좋겠습니다. 파리가 아주 추한 면을 갖고 있다고 해도, 또한 매우 힘을 얻을 수 있는 이면도 있기 때문입니다. 같은 파리라도 방향을 바꾸어 다시 한번 보십시오. 아니면 다른 시각으로 관찰해 보십시오.

예를 들면 파리의 아침 광경을 보십시오. 파리는 깊은 밤에만 활기차다는 당신의 인상을 바로잡기에 충분한 많은 참고자료가 얻어질 것입니다. 저리도 많은 근면한 사람들, 그 안에서도 특히 활기찬 청소부들을 보십시오. 도락가나 살인자나 강도범 등이 물러나고 아침이 되면 나오는 사람들을…. 누더기를 걸치고 묵묵히 일하고 있는, 저 엄숙한 얼굴의 사람들을 보십시오. 그들이 얼마나 신중하게 전날 밤 있었던 향연의 찌꺼기를 쓸고 있는지를 말입니다. 그들은 바빌론 최후의 왕 벨사살의 궁전터 위에서 신에 의해 쓰인 벨사살의 몰락을 고한 문자를 해독한 예언자들이라고도 할 수 있습니다. 청소부 중에는 여성도 있고, 많은 노인들도 있습니다. 추울 때 그들은 손가락에 입김을 불어가며 또다시 일을 시작합니다. 그리고 그것이 매일의 일입니다. 저 사람들 또한 파리의 주민인 것입니다.

다음으로 변두리 마을의 공장에 가 보십시오. 특히 주인도 노동자와 마찬가지로 일하고 있는 작은 공장에 가 보십시오. 노동자 무리가 근무처로 향하는 것을 보십시오. 자신들이 살고 있는 먼 마을에서 공장으로, 가게로, 사무소로… 기꺼운 마음으로 일하러 오는 그들을 말입니다. 그런 다음, 그들 집집의 내부를 방문해 보십시오. 서민의 아내가 일하고 있는 곳을 보십시오. 남편의 월급은 보잘것없고 사는 집은 좁으며, 아이들은 많고 남편은 무뚝뚝합니다. 서민의 생활 모습이나 보잘것없는 가정집들을 오랫동안 잘 관찰해 보십시오.

다음으로는, 가서 학생들을 보십시오. 거리에서 그렇게나 스캔들을 일으켰던, 당신이 말하던 그런 학생들은 물론 많습니다. 하지만 공부하고 있는 학생 또한 많습니다. 단지 후자는 자신의 집에 틀어박혀 있기 때문에 세상에 알려지지 않은 것뿐입니다. 라탱지구의 학생들이 얼마나 부지런히 면학에 힘쓰고 있는지 당신이 알게 된다면! 당신은 학생이라고 자칭하는 어떤 부류의 청년들이 일으킨 와글와글한 소란이 신문지면을 가득 메우고 있는 것을 보셨을 것입니다. 신문기자들은 유리창을 부수는 학생들의 일은 잘도 써 내려갑니다. 하지만 과학이나 역사의 문제를 둘러싸고 밤늦게까지 잠들지 않는 학생들의 일을 어떻게 기사화할 수 있겠습니까? 독자의 흥미를 끌지 못할 테니까요. 학생이 사망해도, 예를 들어 의과대학생이 직업의 의무에 희생이 되어 죽음에 이르러도 그 일은 신문에 두세 줄 정도밖에 안 나옵니다. 그러나 술주정뱅이의 싸움은 한 면의 반 정도는 차지합니다. 아니, 사진이라도 실린다면 더 많이 지면을 차지하겠지요. 사진이 늘 빠지는 것은 아니니까요.

모두 보았다고 자신 있게 말하기 위해서, 보아야 할 모든 것을 지적하고자 한다면 도저히 끝이 나지 않을 것입니다. 전부를 보았다고 말하기 위해서는 사회 전체를 즉 부자도 가난뱅이도, 학자도 무지한 사람들도 관찰하지 않으면 안 됩니다. 그 모든 관찰을 마친 다음에는 당신이 지금처럼 엄격한 재판관이 되는 일은 없을 것입니다.

파리는 하나의 세계입니다. 그리고 사회 일반에 있어서도 마찬가지로, 악은 과시되는 반면 선은 늘 숨어 있습니다. 표면만을 보면 어떻게 그리도 많은 비열함이 있을까 자문해볼 때가 있습니다. 그러나 더 안쪽을 들여다보면 고난에 찬, 어두운, 때로는 두려운 생활에서도 많은 선이 있다는 데 그저 놀랄 뿐입니다!”

-

나는 왜 이러한 것들을 주절주절 늘어놓는 것일까? 세상에 이름을 알리기를 꺼리는 사람들을 선전하려는 걸까? 그렇지 않다. 나의 목적은, 세상에 알려지지 않은 선에 대해 사람들의 주의를 끄는 것, 특히 그와 같은 선행을 사람들이 사랑하게 하고, 사람들로 하여금 그와 같은 선을 실행하도록 하는 데 있다.

세간의 눈을 빼앗는 요란한 사건을 좋아하는 사람들은 이미 필요 없어진 인간이다. 왜냐하면 첫째, 그런 사람들은 특히 악을 보는 위험에 방치되어 있기 때문이다. 둘째, 그들은 선행 중에서도 세간의 이목을 끌기 위해 노력하는 선행만을 인정하기 때문이다. 셋째, 체면치레의 유혹에 쉽게 손을 들기 때문이다.

사람들이 지켜보는 무대 위에서는 자신의 역할에 갇혀 지내고, 무대 뒤에서 그 역할에 따른 속박을 보상받기 위해 애쓰지 않으려면 우리는 세상에 알려지지 않은 삶을 받아들이고 그 삶을 사랑해야 한다. 이것이 바로 도덕적 삶의 본질적인 요소의 하나다.

우리가 여기에서 말하고 있는 것은 보잘것없는 사람들, 즉 세상에 인정받지 못하는 운명에 놓인 사람들에게만 적용되는 것이 아니다. 세상의 주역들에게도 진실이며, 아니 그들에게는 더 한층 진실인 것이다.

이름만 화려하고 실은 아무짝에도 쓸모없는 인간이 되고 싶지 않다면, 새털 장식과 장식끈만 요란하고 내용이 공허한 인간이고 싶지 않다면 당신 주변에서 가장 이름이 알려지지 않은 사람이 갖고 있는 단순함의 정신을 가지고, 주역으로서의 당신의 역할을 완수해야 한다. 그게 누구든지 과시하는 순간에만 가치 있는 사람은, 어떤 가치도 없는 인간이다.

당신이 세상에 알려지고, 제일 앞에서 걷는 위험한 명예를 얻었다면, 그만큼 보통 사람 이상으로 마음을 쓰고, 세상에 알려지지 않은 선을 가진 내면세계를 생활 안에 유지해야 하지 않을까. 세상 사람들이 앞면만 바라보고 있는 건물에 단순함과 겸손한 충실함의 커다란 초석을 깔고, 감사하는 마음으로 세상에 알려지지 않은 사람들의 옆에 머물러야 하지 않을까! 우리가 잘사는 것은 세상에 알려지지 않은 사람들이 있었기 때문이 아닐까? 건물 전체를 받치고 있는 것은 땅속에 감춰진 단단한 돌이라는 사실을 알아야 한다. 누군가에게서 힘을 얻은 경험이 있는 사람이라면 누구라도 이 진리를 인정할 것이다. 세상에 인정받을 만한 가치 있는 일을 성취한 사람들은 모두 그들에게 작은 빛이 되어준 사람들과 응원해준 사람들에게 베풂을 받았다. 농민이나 부인, 인생의 패배자, 검소하고 존경받는 부모 등 소수의 선량한 사람들은 아름답고 품위 있는 생활을 몸소 보여주었다. 그들의 모범은 우리를 고무시키고, 우리를 지탱해준다. 그들에 대한 추억은 우리의 양심과 영원히 묶여 있어 우리의 무거운 짐도 가벼워질 듯한 기분이 들게 한다. 그들은 눈에 보이지 않으나 우리의 주변에 있으면서 우리가 전투 중에 몰리거나 쓰러지는 것을 막아준다. 그리고 매일, 그들은 우리에게 증명해 보인다. 인류의 보물은 세상에 알려지지 않은 선에 있다는 것을….

세속의식과 가정생활

—

제2제정시대에 황제가 자주 갔던 한 온천장에서 그리 멀지 않은 아름다운 한 마을에 존경할 만한 촌장이 살았다. 그는 머리가 좋은 사람이었지만, 황제가 언젠가 자신의 집에 머물지도 모른다는 생각에 그만 정신이 나가버렸다.

그전까지 그는 부모에게 물려받은 낡은 집에서 어떤 작은 물품도 소중히 여기는 아들로 살고 있었다. 하지만 프랑스 황제가 자기 집에 머무를 수도 있다는 생각에 미쳐버린 그는 전과는 완전히 다른 사람이 되어버렸다. 충분히 좋다고 생각했던 것, 부모와 조상에게 사랑받아온 저 일체의 간소한 것들이 갑자기 초라하고 추하고 우스꽝스럽게 보이기 시작한 것이다.

'황제에게 이 초라한 나무 계단을 오르게 할 수는 없어. 황제를 이 낡은 팔걸이의자에 앉힐 수는 없지. 황제가 이 유행 지난 융단을 밟는다는 건 생각도 못할 일이지…' 이런 생각에 미치자, 그는 목수와 석공을 불러 벽을 부수고 방을 넓혀 호화롭고 넓은, 그 집의 다른 부분과는 어울리지 않는 하나의 객실을 마련했다. 그리고 자신은 가족과 함께 비좁은 방에 틀어박혀 지내게 되었다. 그 좁은 방에 낡은 가구까지 몰아넣은 통에 갑갑한 느낌을 버릴 수 없었다. 이렇게 그는 무분별하게 지갑을 털어 가정을 발칵 뒤집어놓고 황제를 손님으로 맞을 날만 기다렸다. 하지만 슬프게도, 황제는 결국 오지 않고 제2제정의 종말이 왔다.

사람들이 생각하는 것처럼, 이 불쌍한 남자의 상식을 벗어난 행동은 세상에서는 그리 놀라운 일도 아니다. 자신의 세속적 가치를 위해 가정생활을 희생하는 사람들은, 모두 이 남자와 마찬가지로 자신을 잃어버린 사람이다. 이와 같은 희생의 위기는 변하기 쉬운 동요의 시대에 한층 심해진다. 현대인은 끊임없이 이 위기에 드러나 있고, 다수의 사람들이 이 위기에 지고 만다. 사회적 삶이나 야심을 만족시키기 위하여 얼마나 많은 가정의 보물이 쓸데없이 낭비되어 왔는가. 그들이 그런 경건하지 못한 희생을 하고 행복의 문에 들어갈 준비를 하고 있었는지는 몰라도, 그 행복은 아무리 오랜 시간이 지나도 손에 넣을 수 없는 것이다. 가정을 다른 데 떠넘기고, 좋은 전통을 쓸모없는 것으로 만들며, 단순한 삶을 포기하는 일은 잘못된 거래이며 뒤늦게 후회할 일이다.

사회 전체에 있어서도 한 가정은 매우 중요하기 때문에, 가정이 약화되는 것만으로 사회 조직 전체에 혼란이 일어날 수도 있다. 우리 사회가 건전한 발전을 이루기 위해서는 고유의 가치와 독창성을 지닌 안정된 개인이 사회로 나와야 한다. 그렇지 않으면 사회는 양 떼, 목동을 잃은 양 떼가 되고 만다.

그럼 개인의 독창성은 어디에서 나오는 걸까? 여기서 독창성은 다른 사람들의 개성과 어울려, 풍요롭고 견고한 사회를 구성하는 개인의 특별한 능력을 뜻한다. 이러한 독창성은 가정에서만 기를 수 있다. 각 가정은 개인의 습관과 기억의 집합이다. 이러한 가정이 허물어진다는 것은 개성의 원천을 고갈시키고, 공공심을 끊는 일이다.

나라를 위해서도, 각각의 가정이 하나의 깊고 존경받는 세계로서 가족구성원에게 지워지지 않는 도덕성을 전하는 것이 중요하다. 이야기를 계속하기 전에, 오해가 없도록 미리 말해둘 것이 있다. 모든 아름다운 것이 그렇듯이, 가족의식esprit de famille에는 '가족 이기주의'라 불리는 측면이 존재한다. 이를테면 어떤 가정은 굳게

닫힌 작은 성과 같아서 그곳의 사람들은 외부세계를 착취하기 위해 모여 있는 것처럼, 자신들과 직접적인 관계가 없는 다른 모든 문제는 어찌 되든 상관없는 식이다.

그들은 그들이 사는 사회에서 마치 이주민처럼 살아가고, 더 나아가 침입자처럼 행동한다. 그러한 가정의 배타주의가 아주 극단적이 되면 인류를 적으로 만들게 된다. 그 가정은 마치, 세계의 패권을 빼앗아 자기 사회 이외에 다른 사회가 있다는 것을 인정하지 않았던 우리 역사에 종종 등장하는 강력한 사회의 축소물과 같다. 이와 같은 이유로, 사회의 안녕을 위해 반드시 타파하지 않으면 안 되는 이기주의의 근원으로 가정을 바라보는 견해도 있다. 연합과 당파 사이에 심각한 차이가 있는 것과 마찬가지로, 가족의식과 가족 이기주의 사이에는 커다란 차이가 있다.

-

여기에서 문제 삼고 있는 것은 가족의식이다. 이 세상에서 가족의식에 필적할 만큼 가치 있는 것은 없다. 가족의식이야말로 사회 여러 제도의 지속과 세력을 보증하는 위대하고 단순한 미덕을 품고 있기 때문이다. 가족의식의 기초에는 과거에 대한 존경이 있다. 한

가정이 갖는 최상의 것은 공통의 추억이기 때문이다. 손으로 만질 수 없는, 불가분의, 양보할 수 없는 자본으로서 추억은 성스러운 자산이다. 가족구성원은 추억을 가장 귀중히 간직해야 한다.

그 추억은 관념과 사실이라는 두 가지 형태로 존재한다. 우리는 말투나 생각, 감정, 본능에 있어서도 그 추억에 부딪힌다. 물질적인 형태로는 초상화, 건물, 습관, 노래로 나타난다. 가족이 아닌 사람에게는 이것은 아무것도 아닌 걸로 보이지만, 그 흔적의 가치를 알고 있는 가족들에게 있어서는 무엇으로도 바꿀 수 없는 유물이다.

그러나 우리가 살고 있는 세계에서는, 일반적으로 어떤 일들이 일어나고 있는가? 세속적 가치와 가족의식이 서로 우위를 차지하기 위해 투쟁하고 있다. 모든 투쟁에는 애통한 면이 있지만, 나는 세속적 가치와 가족의식 간의 투쟁 이상으로 격렬한 것은 알지 못한다. 세속적 가치의 추구, 즉 세속의식esprit mondain은 크고 작은 수단을 이용하고, 모든 종류의 새로운 관례와 욕망과 주장을 들이대며 가정이란 성전에 침입하고 있다. "세속의식은 무슨 권리와 자격으로 가정에 침입하는가? 대체 무엇을 근거로 저리 단호히 자기의 권리를 요구하는가?" 대부분의 사람들은 이런 의문을 하지 않는데 이는 잘못된 것이다. 우리는 이 침입자에 대해, 마치 호화로운 방문객을 대하는 극히 단순하고 딱한 사람처럼 행동한다. 하룻밤의 불청객을 위하여 우리들은 채소밭에 있는 음식들을 다 뽑아내고, 하인이나 자식들을 괴롭히고, 자신의 일을 소홀히 한다. 이는 옳지 않은, 바보 같은 행위다. 어떤 사람과 얼굴을 마주하고 앉는다 해도 있는 그대로의 자신을 잃지 않는 용기를 지녀야 한다.

-

세속의식에는 모든 파렴치함이 있다. 예를 들어 훌륭한 인격을 만들어냈고, 지금도 만들어내고 있는 단순한 가정이 있다고 하자. 인간도 가구도 습관도 모든 것이 이 가정에서는 조화를 이루고 있다. 그런데 결혼 또는 사업상 또는 친목 관계에 의해 세속의식이 이 가정에 숨어들면 세속의식은 이 가정에 있는 모든 물건을 오래되고 쓸모없고 너무 단순하고 현대적인 멋이 없는 것으로 만들어버린다. 처음에 세속의식은 단순한 비평과 가벼운 농담으로 들어올 것이다. 이때가 가장 위험한 시기다. 적이 바로 근처까지 와 있는 셈이기에 이때 주의하지 않으면 안 된다. 그런데 만약 당신이 세속의식에 조금이라도 귀를 기울인다면, 다음 날 당신은 가구를 내다버리게 될 것이고, 그다음 날은 나아가 뭔가 더 훌륭한 옛 전통을 버리게 될 것이다. 그리고 차례차례로 추억이 깃든 마음의 유물과 이제까지 아껴온 물건들을 고물상에 팔게 될 것이고, 그와 함께 효심도 잃어버리게 될 것이다.

새로운 습관과 새로운 환경 안에서 당신의 옛 친구들과 당신의 늙은 부모는 마치 낯선 곳에 있는 듯한 느낌을 받을 것이다. 그럼 이번에 당신은 옛 친구와 부모를 버리게 될 것이다. 세속의식은 오래된 것을 없애는 것이기 때문이다. 이렇게 해서 전부 변해버린 환경이 주어지면, 당신 자신도 자기가 새로운 환경에 있다는 데 놀랄 것이다. 옛날을 생각나게 하는 게 무엇 하나 없지만, 세속의식은 옛것을 버리는 게 옳은 것이기에 만족스럽다고 당신은 생각할지도 모른다. 하지만 슬프게도 그건 당신의 오해다. 진짜 보물들을 보잘것없는 고철처럼 취급해 다 버리고 난 다음에서야, 당신은 마치 빌린 옷을 입은 것처럼 새 옷이 전혀 당신에게 어울리지 않으며 당신의 모습이 우스꽝스럽다는 걸 느끼게 될 것이다. 차라리 처음부터 자신의 신념을 견지하고 가정을 지키는 편이 나았을 거라고 후회할지도 모른다.

많은 젊은이들은 결혼을 하면 세속의식의 목소리에 지고 만다. 그들의 부모는 검소한 생활의 모범을 보여주었지만, 새로운 세대는 자신들이 보기에 가부장적이라고 생각되는 생활양식을 거부하고 자신의 방식대로 살아가며 자유를 누릴 권리가 있다고 믿는다.

그리하여 새로운 세대는 많은 돈을 들여서 최신 유행의 생활을 영위하려고 노력하며, 진짜 유용한 물건들은 한두 푼에 팔아버린다. 우리를 향하여 "기억해!"라고 말하고 있는 물건들로 집을 채우는 대신, 아직 아무런 의미도 없는 최신식 물건을 집에 들여놓는다. 아니, 의미가 없는 게 아니라 그 물건은 사실 안이하고 표면적인 생활의 상징이다. 그 물건들 한가운데 있으면 세속의식에 짓눌려 숨이 막힐 듯하다. 그 물건은 외부의 생활, 과장되고 어수선하고 소란스러운 생활을 상기시킨다. 그리고 가령, 우리가 때로는 그러한 생활을 잊고 싶은 기분이 되어도, 그 물건은 우리를 다시 그러한 생활로 향하게 하며, 옛 물건과는 다른 의미로 우리에게 말을 건다. "기억해! 클럽, 극장, 경마장에 가는 시간을 잊지 마!"

세속의식이 파고들면, 가정은 잠시 머무는 곳에 지나지 않게 된다. 가정을 비워두고 언제까지라도 나돌아다니며, 그 사이사이에 쉬기 위해 들르는 곳에 지나지 않게 되는 것이다. 누구도 가정에 오래도록 머물고 싶어 하지 않게 된다. 이러한 가정에는 영혼이 없고, 영혼에게 말을 걸 물건도 없다. 이러한 가정에서는 그저 자는 시간과 먹는 시간에만 집에 머물 뿐 그 외의 시간은 허둥지둥 집을 나서기 바쁘고, 어쩌다 집에 있는 시간은 꾸벅꾸벅 졸고 있기나 할 것이다.

누구나 알고 있는 것처럼, 세상에는 외출벽이 심한 사람들이 있다. 그들은 자신이 어디든지 얼굴을 내밀지 않으면 세상이 움직임을 멈추기라도 하는 듯 돌아다닌다. 집에서 틀어박혀 있는 일은 그들에게 가장 고통스러운 일이다. 집에 틀어박힌다는 생각만으로도 소름이 끼치는 것이다. 그들은 너무도 가정을 싫어하기 때문에, 자신의 집에서 공짜로 즐기기보다는 돈을 내고서라도 밖에서 따분한 편이 낫다고 생각한다.

—

이렇게 해서 점차 사회는 같은 종류의 한 무리가 몰려다니는 듯한 무리 짓는 생활을 하게 된다. 이러한 생활을 공적 생활과 혼동해서는 안 된다. 무리 짓는 생활은 양지에 꼬이는 파리 떼의 생활과 같다. 모두가 거의 비슷하게 세속적인 생활을 하는 것이다. 이 같은 보편적인 진부함은 공공정신의 본질 그 자체를 때려부수는 일이다. 세속의식이 현대사회에 가한 해악을 확인하기 위해서 길게 볼 것까지 없다. 근본과 평등, 안정된 양심과 창의를 조금밖에 가지지 못한 최대의 이유는 가정생활의 쇠퇴에 있다.

대중은 화려한 사교계를 추종하고, 서민은 세속적이 되었다. 자

신의 가정을 버리고 술집에 술을 마시러 가는 것은 세속적 행동이다. 단지 가정의 빈곤이나 주거지의 열악함만으로는 사람들을 가정 밖으로 끌어내는 이 풍조를 설명할 수 없다. 아버지나 할아버지가 그리도 즐거워하던 집을 버리고 왜 우리는 밖을 떠도는 것일까? 집은 옛날 그대로이고, 예전과 같이 벽난로에는 불이 타오르고 있는데 말이다. 과거에는 늙은이나 젊은이 할 것 없이 그 불 앞에 무릎을 마주하고 밤을 지새웠는데, 왜 지금은 다들 빠져나간 것일까?

무언가가 사람들의 정신 안에서 바뀐 것이다. 사람들은 불건전한 욕망에 무릎 꿇은 나머지 단순함과는 연을 끊은 것이다. 아버지들은 가장이라는 명예로운 자리를 떠나고, 부인들은 외롭게 창 옆에서 그럭저럭 살아가고, 아이들은 싸움을 하면서, 이번에는 자신들이 각각 가정을 떠날 날을 기다리고 있다.

우리는 가정생활과 가정의 전통적 가치를 다시 한번 배우지 않으면 안 된다. 과거를 보존하려는 노력이 있었기에 수많은 유적이 지금껏 남아 있다. 마찬가지로 전통의상이나 지방의 방언, 오래된 민요는 이 세상에서 사라지기 전에 그것들을 지키려는 경건한 사람들에 의해 지켜졌다. 위대한 과거의 단편을, 선조의 영혼이 남긴 이러한 자취를 지키는 것은 얼마나 좋은 일인가! 가정의 전통에 대해서도 마찬가지여야 하지 않을까. 어떠한 형태로든 아직 남아 있는 가정의 것 전부를 구하여, 가능한 한 지속해야 하지 않을까!

-

그러나 모든 사람이 가정생활에 있어 지켜야 할 전통을 가지고 있는 것은 아니다. 이 때문에 더욱 가정생활의 구축과 배양을 위해 노력해야 한다. 그러기 위해서는 가족의 수가 많을 필요도 없고, 유복하게 살고 있을 필요도 없다. 가정을 이루기 위해서는 집의 정신, 즉 가족의식이 있어야 한다. 아무리 작은 마을이라도 역사와 도덕적 특징이 있는 것처럼, 아무리 작은 가정에도 정신이 있어야 한다. 장소의 정신이라고도 하는, 이를테면 우리를 감싸고 있는 집 안의 분위기 말이다. 어떤 집은 입구에서부터 뭔가 모를 오싹함이 느껴지고, 왠지 모를 불쾌감이 느껴진다. 뭐라고 말할 수 없는 무언가가 밀어내는 듯한 기분마저 든다. 그런데 또 어느 집은 문을 열고 안에 들어가서 그 문을 닫기도 전에 친절과 넉넉함이 우리를 감싼다. 벽에는 귀가 있다고들 하는데, 벽에는 또한 들리지는 않지만 목소리가 있는 듯하다. 이 때문인지 집 안의 모든 사물에는 그 집에 사는 사람들의 정신이 감돌고 있다. 더구나 그 정신이 존재한다는 증거는 혼자 살고 있는 독신 남녀의 집에서도 확인된다. 그 안에 사는 사람이 누군지에 따라 각 방마다 얼마나 큰 차이가 있는지! 어떤 방에는 무력함과 무관심과 비속함이 느껴지고, "뭐든 아무래도 상관없다"고 하는 방 주인의 좌우명이 책이나 사진을 정리해둔 것에서도 엿보여진다. 그런데 다른 방에서는 사는 기쁨과 사람에게 전해지는 쾌활함이 넘쳐흘러서, 방문자는 무언가가 여러 형태로 이렇게 말하는 것을 느낄 수 있다. "한때의 손님, 당신이 누구든지 간에 저는 당신에게 최선을 다하고 싶습니다. 당신에게 평화가 있기를!"

가정생활의 힘은 아무리 강조해도 지나치지 않다. 창틀에서 피어나고 있는 꽃, 주름 가득한 손으로 포동포동한 손자의 볼을 어루만지던 할아버지가 앉아 있던 낡은 팔걸이의자의 매력을 보라.

불쌍한 현대인이여! 수시로 거처를 옮기고 변화를 되풀이하는 불쌍한 현대인이여! 우리는 도시와 집, 습관, 믿음의 형태를 너무나도 많이 바꾼 나머지 우리를 쉬게 할 장소를 잃어버렸다. 가정생활을 버림으로써 생긴 불규칙한 생활의 슬픔과 공허함이 더 이상 커지도록 놓아두어서는 안 된다. 불이 꺼진 가정의 아궁이에 다시 한번 불을 지펴, 우리 자신을 위한 안식처를 만들자. 아이들이 어른으로 자라나는 따뜻한 둥지, 사랑이 꽃피고, 노인이 휴식을 취하고, 소원을 이루어주는 제단이 되며, 조국에 대한 숭고한 경의를 찾아낼 수 있는 공간을 만들자!

단순한 아름다움

'미학'의 이름으로 단순한 생활에 이의를 제기하는 사람도 있을 것이다. 기업의 섭리이고, 예술의 위대한 후원자이며, 문명사회를 장식한다는 점에서 사치가 유용하다는 사람들 말이다. 그러한 사람들에게 미리 몇 가지 간단한 주의의 말을 하고 싶다.

　이 책에서 논하는 정신이 실리주의가 아님은 아마 눈치챘을 것이다. 구두쇠가 인색하여 단순한 것이나, 편협한 자가 엄격주의에 빠져 스스로에게 부여한 단순함을 우리의 단순함과 혼동해서는 안 된다. 이들과의 공통점이 있으리라는 생각은 잘못이다. 구두쇠에게 단순한 생활이란 싸게 먹히는 생활이다. 편협한 자에게 단순한 생활이란 광채도 없고 되는 일도 없는 생활이며, 미소 짓게 하는 것, 빛나는 것, 매혹적인 것에 대한 거절만이 가치 있게 취급된다.

많은 수단을 가진 사람들이 재산을 묻어두는 대신에 유통시켜 상업을 활발하게 하고, 미술을 번영시키는 것은 나쁜 일이 아니다. 그들은 혜택받은 지위를 바르게 쓰는 것뿐이다. 우리가 타파해야 할 것은 어리석은 낭비와 부의 이기적 사용이다. 특히 생필품 정리를 우선해야 할 사람들이 쓸데없는 것을 또 구하려는 것이 문제다.

예술을 후원하는 사람의 사치는, 호화로운 생활과 무분별한 낭비를 하는 조악한 향락가의 사치처럼 사회에 악영향을 미치는 일은 없다. 똑같이 사치라 불리지만, 그 실태가 매우 다른 것이다. 돈은 흩뿌리는 것만이 능사가 아니다. 돈을 뿌리는 방법에도 인간을 고귀하게 만드는 것과 인간을 추락시키는 것이 있다. 게다가 돈을 뿌리는 일은, 그 사람이 평소에 돈을 가지고 있다는 것을 전제로 한다.

그런데 정해진 수단밖에 가지지 않은 사람이 사치스러운 생활에 빠지면 문제가 생긴다. 특히 눈에 띄는 것은, 재산을 절약해야 할 사람이 함부로 써버리고 싶어 안달이 난 모습이다. 아낌없이 베푸는 관대함이 사회적 선행임은 인정한다. 문제는, 거기서 그치지 않는다는 것이다. 어떤 부류의 부자들은 넘치는 부를 방출하기 위해 안전밸브를 열어놓은 듯 보일 정도다. 내가 말하고 싶은 것은,

절약이 자신의 의무이자 이익을 얻는 것임에도, 부자인 양 안전밸브를 열어 돈을 방출하며 해롱거리는 사람들이 너무나 많다는 것이다. 그들의 사치와 사치에 대한 사랑은 개인의 불행이자 공공의 위기다.

—

이제부터는 미학의 문제에 관하여, 전문가의 영역을 침범하지 않는 선에서, 조심스레 말하려 한다. 단순함과 아름다움을 양극단으로 보는 것은 널리 퍼진 착각이다. 하지만 단순함은 추함과 동의어가 아니고, 화려한 꾸밈이나 비싼 것은 아름다움과 동의어가 아니다.

우리의 눈은 현란한 아름다움이나 돈에 좌우되는 예술, 우아함도 없고 무의미한 사치품의 떠들썩한 광경에 상처를 입는다. 부와 악취미가 결합해 많은 돈이 유통되면 놀랄 만한 양의 저급한 작품들이 쏟아져나온다. 현대미술은 문학과 마찬가지로 단순함이 결여되어 있고 지나치게 공들인 너무 많은 장식, 부정한 상상이 많이 엿보인다. 선이나 형태, 색채에 이르기까지 완전한 단순함을 관조하는 일은 웬만해서는 우리에게 허용되지 않는다. 논리적으로 명백한 것이 마음을 사로잡듯, 완전한 단순함은 우리의 눈을 사로잡는다. 완전한 단순함이 담긴 걸작에는 불멸의 아름다움이 있다. 우리는 그 아름다움의 이상적인 순수성을 통해 단련될 필요가 있다. 그 순수성의 한 줄기 빛은 모든 호화로운 전시물보다 가치 있다.

-

내가 가장 이야기하고 싶은 것은, 우리 생활의 일상의 미학에 관해서이다. 요컨대 집을 꾸미거나 몸치장을 할 때 필요한 마음가짐에 관한 것이다. 생활하는 데 있어 꼭 필요하지는 않은 이러한 것들에 대해 관심을 가지는지, 그렇지 않은지는 매우 중요한 문제이기 때문이다. 일상의 미학에 대한 생각에 따라 그 사람이 자신의 생활에 영혼을 불어넣고 있는지 그렇지 않은지를 알 수 있다.

나는 외적인 형태를 시적인 아름다움으로 만들려고 하는 것은 결코 쓸데없는 일이 아니라 가능한 한 더 많이 그렇게 해야 한다고 생각한다. 바로 자연이 우리에게 그 모범을 보여주고 있다. 짧은 하루를 위해 아름답게 꾸미는 것을 경멸하는 사람이 있다면, 그는 하루만에 지는 꽃을 꾸밀 때도 불멸의 산을 장식할 때도 똑같은 관심과 사랑을 쏟는 신을 뜻을 알아차리지 못한 사람일 것이다.

그러나 우리로 하여금 진정한 아름다움과 이름뿐인 아름다움을 혼동하게 하는 오류에 빠져서는 안 된다. 인생의 시적인 아름다움은 우리가 부여하는 의미에 달려 있다. 우리의 집, 우리의 탁자, 우리의 옷차림은 우리의 의도를 드러내는 것이어야 한다. 우리의 의도를 일상생활에서 드러내기 위해서는 먼저 어떠한 의도를 가지고 있어야만 한다. 의도를 가진 사람은, 어떠한 단순한 수단을 통해서도 자신의 의도를 전할 수 있다. 자신의 집이나 옷차림에 우아함과 매력을 더하기 위해 반드시 부자일 필요는 없다. 고상한 멋과 선행의 의지만으로 충분하다.

이제부터는 모든 사람에게 매우 중요하지만 아마도 남성보다는 여성이 더욱 관심을 가질 만한 문제를 이야기해 보자.

—

여성들에게 변변찮은 옷감으로 만든 옷을 입게 하거나, 자루를 연상시키는 아무런 멋도 없는 옷을 입게 하는 사람들은 자연의 순리를 더럽히고 세상의 원리를 제대로 모르는 이들이다. 옷이 단순히 추위나 비를 막기 위한 것에 지나지 않는다면, 물건 싸는 보자기나 동물의 가죽만으로 충분할 것이다. 하지만 옷은 그 이상의 것이다.

인간은 자신이 만드는 모든 것에 자신의 전부를 집어넣는 동물이다. 즉 인간은 자신이 사용하는 물건을 징표로 바꾸는 동물이다. 옷은 단순한 보호막이 아니라, 하나의 상징이다. 각 나라와 여러 지방에 전통의상이 존재하고, 프랑스의 경우 동업조합원들이 다른 조직과 차별성을 두기 위해 입었던 의복이 이를 잘 설명해준다.

여성의 몸치장은 우리에게 많은 것을 말해준다. 몸치장은 의미를 지닐수록 가치가 높아진다. 진정으로 아름다운 치장은 자기만의 개성적인 진실한 멋을 보여주는 것이다. 가진 돈을 전부 쏟아부었어도 만약 그 치장이 당사자와 아무 관계도 어떤 개성도 없는 것이라면, 그것은 하나의 가면에 지나지 않으며 그저 이상한 옷차림일 뿐이다. 지나치게 유행을 좇는 것은 여성 자신을 완전한 형태에 맞춘 장식 안으로 사라져 없어지게 함으로써 매력을 앗아간다. 그저 아름답다고 생각되는 무가치한 많은 것들이 그렇게 여성의 아름다움을 손상시키고 남편이나 부모의 지갑에도 타격을 입힌다.

한 젊은 아가씨가 자신의 생각을 탁월하게 잘 표현하는 것 같은데 실상 그녀의 말들이 회화집의 예문을 그대로 따라 한 것에 불과하다면 어떨까? 그러한 빌린 말투에 대체 어떤 매력이 있겠는가? 그 자신은 훌륭하다고 생각하는 것일지라도, 모든 여성을 똑같이 보이게 하는 몸치장의 효과도 바로 이와 마찬가지다.

여기에서 나의 생각과 연결되는 작가 카미유 르모니에의 문장 한 구절을 인용하고자 한다.

"자연은 여성의 손가락에 하나의 매력적인 예술을 주었다. 그 것은 부인이 본능적으로 알고 있는 예술이며, 부인의 독자적인 예술이기도 하다. 마치 비단이 번데기의 예술이며, 레이스 가 민첩하고 정교한 거미의 예술인 것처럼. (…) 여성은 우아함 과 천진난만함을 표현하는 시인이며 예술가이다. 여성은 신비 로움의 실을 뽑는 사람이며, 남성의 맘에 들고 싶어 하는 마음 으로 그 신비의 의상을 걸치는 것이다. 여성이 다른 부분에서 남성에게 지지 않으려고 힘쓰는 재능들은, 자신의 옷을 만들 기 위해 아주 잠깐 동안 의복에 불어넣는 정신과 창의에는 결 코 미치지 못할 것이다.

그렇다면 나는 이 예술이 지금보다 더 존중되었으면 싶다. 교 육이란 자신의 정신으로 생각하고, 자신의 마음으로 느끼고, 개성적인 세세한 것, 내부의 잠재적인 자아를 표현하는 것에 있어야지, 세상에서 행해지고 있는 것처럼 획일을 목적으로 그 자아를 밟아 뭉개거나 고르게 하는 일에 있지 않은 것처럼, 결 국 어머니가 될 젊은 여성은, 이 몸치장의 미학을 어려서부터 몸에 익혔으면 한다. 언젠가는 자기 아이들의 옷을 준비해주어야 할 테니까, 자신의 옷은 자신이 준비해야 할 것이다. (…) 그러나 옷은 여성의 꼼꼼함과 인격의 결작이라고도 할 수 있기 때문에, 옷을 즉흥적으로 만들고, 옷으로서 자신의 개성을 살리는 취미와 재능을 몸에 익혀야 한다. (…) 옷 없이는, 부인은 이미 찢어진 천 조각에 지나지 않는다."

직접 만든 옷은 대부분 그 사람에게 가장 잘 어울리는 것이며, 언제든지 가장 기쁨을 주는 것이다. 현대의 여성들은 이 사실을 잊고 있는 듯하다. 가게에서 옷과 장신구를 구입하게 되면서부터 대중의 차림새에는 우아함이 사라져버렸다. 여러 가게들은 유행을 따른 모방상품들을 판매하기 때문이다. 그렇다고 해도 어디에서 일하든 간에 전통의상을 입고, 단순한 간소함으로 꾸민 젊은 아가씨들의 맑은 모습만큼 아름다운 것이 또 있을까?

이러한 고찰은 우리의 집을 정리하고 꾸미는 데도 적용된다. 삶에 관한 생각을 드러내는 차림새, 한 편의 '시'와 같은 모자, 예술작품 같은 리본 매듭이 있다고 한다면, 또한 집을 정리하는 방법에도 각자의 마음에 말을 거는 듯한 정리법이 있다.

왜 우리는 집을 꾸민다는 구실로, 저마다 가치 있는 개성을 집 밖으로 몰아내려는 것일까? 왜 우리는 획일화된 공식적인 아름다움의 형태를 제멋대로 날뛰게 둬서, 우리의 방을 호텔 방처럼 만들고, 우리의 거실을 대기실처럼 만들려고 하는 것일까? 한 마을의 집집, 한 나라의 마을마을, 넓은 하나의 대륙에 있는 나라나라를 가로질러 가도 어디든지 있을 법한 종류의 똑같은 것, 피할 수 없는 형태의 그것, 그 짜증 나는 천편일률적 형태밖에 만나지 못한다는 것은 얼마나 불행한 일인가! 그런 집들이나 마을들, 나라들이 좀 더 단순했다면 얼마나 아름다웠을까! 그렇게 되면, 저 겉만 번지르르한 화려한 것, 아니꼽고 진부하고 무미건조한 저 모든 장식 대신에, 우리는 끊임없이 여러 종류의 다양한 것들을 가지게 될 것이다. 기쁨을 주는 물건들이 우리 눈에 들어오고, 생각지도 않았던 것이 여러 형태를 하고 우리를 즐겁게 해줄 것이다. 그리하여 우리는, 고물들에 잴 수 없는 가격을 부여하는 인간적인 개성의 징표를 벽지나 가구, 지붕에 새기는 비결을 또다시 발견하게 될 것이다.

—

마지막으로 이야기할 것은, 현대의 젊은이들 대부분이 너무나도 시적이지 않다고 생각하는 자잘한 집안일이다. 가정을 유지하기 위해 필요한 물리적인 일이나 평범한 마음가짐에 대한 젊은이들의 경멸은 불행한 혼동에 의한 것이다. 그 혼동이란 시적인 아름다움은 어떤 것에는 있지만 다른 것에는 없다는 생각이다. 그들에 의하면 문예를 익히거나 하프를 켜는 일은 고상하고 우아한 일이고, 구두를 닦거나 방을 청소하거나 수프 냄비를 지키고 서 있는 일은 조잡하고 우아하지 않은 일이다. 이 무슨 유치한 착각인가!

하프든 빗자루든 시적인 아름다움과는 아무 관계도 없다. 모든 것은 하프나 빗자루를 잡는 손과 그 손을 조정하는 정신에 달려 있다. 시는 사물 안에 있는 것이 아니라 우리 자신 안에 있다. 조각가가 자기의 꿈을 대리석에 새겨넣는 것처럼, 우리는 시를 대상에 쏟아부어야 한다. 우리의 생활이나 일이, 그 외면적인 훌륭함에도 불구하고 여전히 매력적이지 않은 것은, 우리가 우리의 생활이나 일에 무엇 하나 불어넣는 방법을 모르기 때문이다. 예술의 극치는 생명이 없는 것을 살리고, 야성적인 것을 길들이는 데 있다.

나는 현대의 젊은 아가씨들이 영혼이 없는 사물에도 혼을 부여하는, 진정으로 여성적인 예술을 자기 안에서 발휘할 수 있게 노력했으면 좋겠다. 여성에게 있어 우아함의 승리는, 바로 이처럼 일 안에 있다. 여성만이 시인이 되어 "지붕은 들뜨고, 웃는다"라고 말하게 할 만큼 덕이 있는 무언가를 집 안에 가져오는 법을 알고 있다.

사람들은 요정은 없다고, 더는 요정이 존재하지 않는다고 이야기한다. 하지만 그런 말을 하는 사람은, 자신이 무슨 말을 하고 있는지 잘 알지 못하는 사람이다. 시인들에 의해 읊어지고 있는 요정의 원래 모델은, 시인들이 사랑하지 않을 수 없는 여성들 속에서 발견한 것들이며, 여전히 발견해내고 있다. 열심히 밀가루를 반죽하고, 친절하게 터진 곳을 꿰매주고, 미소를 지으며 환자들을 간호하고, 한 줄의 리본에도 우아함을 담고, 프라이를 만드는 데도 마음을 담는 법을 아는, 저 사랑스러운 여성들에게서….

-

정말로 미술의 교양에는 뭔가 모르게 사람을 교화시키는 것이 있어서, 우리의 눈을 꿰뚫는 그것이 결국에는 우리의 사상이나 행위에 스며드는 것은 확실하다. 하지만 예술을 하고, 예술작품을 감상하는 일은 일부 사람들에게만 허용되는 특권이다. 누구나 아름다운 것을 소유하거나 이해하고, 창조할 수 있는 것은 아니다.

그러나 인간이면 누구든 어떤 곳에서든 만들어낼 수 있는 한 종류의 아름다움이 있다. 그것은 즉 우리의 아내나 딸의 손에 의해 생겨나는 아름다움이다. 이 아름다움 없이는 아무리 장식된 집도 그저 차가운 집에 지나지 않는다. 이 아름다움에 의해서 비로소 어떤 살풍경인 가정도 활기 넘치고 밝아진다. 인간의 의지를 품위 있게 하거나 변화시켜주고 또한 행복을 증대시켜 주는 힘 중에서도, 이 아름다움 이상으로 보편적으로 쓰이는 힘은 아마도 없을 것이다. 이 아름다움은 최악의 곤란 가운데서, 아무리 조악한 도구에 의한 것이라도, 그 가치를 발휘하는 방법을 알고 있다.

집이 비좁고 예산이 정해져 있어서 식탁이 허전할 때도, 타고난 재능이 있는 부인은 그곳에 질서와 청결과 예의범절이 넘치게 하는 수단을 발견한다. 그와 같은 부인은 자신이 기획하고 있는 일체의 것에 마음가짐과 예술을 담는다. 해야 할 일을 훌륭히 완수하는 일은, 그와 같은 부인의 눈으로 보면, 부자의 특권이 아니라 만인의 권리인 것이다. 그렇게 때문에 더욱 그와 같은 부인은 그 권리를 행사하여, 자신의 가정에 품위와 즐거움을 줄 수 있는 것이다. 돈으로 움직이는 하인들에게 모든 것을 맡겨버리는 부자의 집에서는 도저히 볼 수 없는 품위와 즐거움을 말이다. 생활을 이렇게 풀어나가면, 지금껏 몰랐던 아름다움과 내적인 매력과 만족이 얼마나 풍부한지 알게 된다. 자기 자신일 것, 자신에게 자연스러운 환경에서 그 환경이 허락하는 아름다움을 실현하는 것, 그것이야말로 이상적이다.

사물에 영혼을 담고, 어떤 거친 인간도 감동받을 만한 유쾌하고

섬세한 형태를 주는 일이 결국은 여성의 사명이 된다면, 여성의 사명은 그 깊이를 더하여 또 얼마나 많은 의미를 갖게 되는 것일까! 그것은 자신이 가지고 있지 않은 것을 선망하고, 자신에게 인연도 관계도 없는 뭔가의 장식을 어설프게 흉내 내는 것보다는 훨씬 더 가치 있는 일이 아닐까?

오만과 사회관계에서의 단순함

—

보다 좋은 생활, 보다 평온하고 건강한 생활을 방해하는 요인은 우리의 주변보다 오히려 우리 자신 안에 있음을 증명하는 데 '오만'이라는 단어만큼 적절한 표현을 발견하는 일은 아마도 어려울 것이다. 사회적 조건은 다양하고 때론 현저한 차이가 드러나기 때문에 필연적으로 온갖 종류의 갈등이 일어날 수밖에 없다. 그럼에도 불구하고, 만약 우리가 외적인 갈등조건을 다르게 바라본다면, 사회구성원들 사이의 여러 관계는 얼마나 단순해지겠는가!

　사람들 사이의 관계를 틀어지게 만드는 것은 계급이나 직업의 차이도 아니고, 다양한 형태로 나타나는 운명적 요소도 아니다. 만약 그런 것들이 갈등을 일으킨다고 한다면 이해를 같이하고 운명을 같이하는 동료나 친구들 사이는 언제나 평화가 넘쳐야 할 것이다. 하지만 누구나 다 알고 있듯, 오히려 가장 격렬한 싸움은 동료들 사이에서 일어나고, 내란보다 더 나쁜 전쟁은 없다.

이렇듯 사실 인간과 인간이 서로를 이해하는 것을 막는 것은 무엇보다도 오만이다. 오만은 인간을 고슴도치로 만든다. 타인을 상처 입히지 않고서는 타인과 맞닿을 수 없는 고슴도치 말이다.

먼저 세상의 지체 높은 양반들의 오만에 대해 이야기해 보자.

사륜마차를 몰고 있는 부자가 있다고 하자. 이 부자가 심히 거슬리는 이유는 무엇일까? 그의 마차 때문도 아니고, 그의 몸치장 때문도 아니며, 그가 부리는 하인의 수나 그의 위엄 때문도 아니다. 그의 경멸이 거슬리는 것이다. 단지 그가 많은 재산을 가지고 있다는 사실이 거슬린다면 그건 내 성격이 꼬인 탓이지 나를 상처 입히는 일은 아니다. 하지만 그가 나에게 흙탕물을 튀기고, 내 옆에 닿을 듯 말 듯 마차를 몰고, 내가 그와 같은 부자가 아니라서 나 따위는 안중에도 없다는 듯한 태도를 취하는 것은 나를 불쾌하게 만든다. 요컨대 그는 나에게 고통을, 그것도 무익한 고통을 준 것이다. 그는 이유도 없이 나를 욕보이고 업신여겼다. 이처럼 사람을 상처 입히는 오만에 대하여 분개하는 것은, 내 안에 있는 천한 무엇이 아니라 내 안에 있는 가장 고귀한 무엇이다. "그가 부러운 건가요?"와 같은 말로 나를 비난하지는 마라. 나는 어떤 선망도 느끼지 않는다. 인간으로서의 나의 위엄이 상처 입었기 때문에 분한 것이다. 이 같은 사실을 더욱 확연히 하기 위해 예를 드는 것은 어려울 것이 없다. 인생을 지나온 사람이라면 누구나 나의 이러한 심정을 증명할 만한 많은 일을 겪어왔을 것이기 때문이다.

물질적인 이익추구에만 몰두하는 사람들로 이루어진 사회에서는 부유함이라는 오만함이 매우 힘을 발휘하기 때문에, 인간은 마치 유가증권의 가치를 매기듯 서로의 가치를 평가한다. 사람을 존경하고 안 하고도 그 사람의 금고 내용물에 따라 달라지는 것이다.

"상류사회는 막대한 재산을 가진 사람으로 이루어지고, 중류사회는 중위의 재산을 가진 사람으로 이루어진다. 그다음에 얼마 안 되는 재산밖에 가지지 못한 서민과 무일푼의 빈민이 온다."

어떠한 경우에도 사람들은 이와 같은 원칙에 따라 서로 만나고 있다. 그리하여 자기만큼 못 가진 사람을 업신여기는 비교적 부자인 그 사람도, 이번에는 자기보다 더 부자인 사람에게 업신여김을 당한다. 결국 자신을 다른 이와 비교하고 싶다는 마음은 광기가 되고, 그 기류는 상류층부터 하류층까지 안 미치는 데가 없다. 이 같은 환경은 나쁜 감정의 온상이다. 하지만 비난받아야 하는 것은 부가 아니라, 사람들이 부에 두는 정신이다. 어떤 종류의 부자, 특히 아버지 할아버지로부터 부를 상속받아 부에 익숙한 부자는, 부에 대하여 그 정도로 야비한 생각은 하지 않는다. 하지만 그러한 부자들도, 빈부의 차를 두드러지게 드러내지 않아야 한다는 세심한 배려는 잊고 있다. 남아도는 것을 받아 누리는 것뿐이니 남에게 아무런 지장도 주지 않는다고 하겠지만, 그 남아도는 것을 과시하는 일이 생필품도 모자라는 사람들을 상처 입히는 일이라면, 가난한 사람들에게 꼭 과시를 해야 할 필요가 있을까? 만일 인간으로서의 소양과 배려가 있다면, 폐병으로 죽어가는 사람에게 자신의 왕성한 식욕이나 숙면, 사는 기쁨에 관해 이야기하지는 않을 것이다. 이 세상에는 배려가 부족한 부자, 연민과 신중함까지 결여된 부자들이 많다. 그런 행동들로 인해 다른 사람들로 하여금 시기하게끔 자초했으면서도, 시기받는다고 푸념하는 것은 너무나 엉뚱한 일이 아닐까?

자신의 재산을 과시하거나 알게 모르게 사치의 유혹에 빠지는 사람에게 특히 결여되어 있는 것은 분별력이다. 제일 먼저, 부를 개인의 우수함이라고 생각하는 것은 너무도 유치한 혼동이다.

그릇과 그에 담긴 내용물의 가치를 이와 같이 잘못 판단하는 경우도 드물 것이다. 나는 이 문제에 대해 이야기하는 것은 고역이기에 장황하게 설명하고 싶지는 않다. 그렇다고는 해도, 이 문제에 관계있는 사람들에게 아무 말도 하지 않을 수는 없을 것 같다.

"주의하십시오. 당신의 재산과 당신 자신을 혼동해서는 안 됩니다. 화려함의 이면을 알아보는 노력을 하십시오. 당신의 도덕적 빈곤으로 인해 유치함을 알게 될 테니 말입니다."

실제로, 오만함으로 인해 우리가 빠지는 함정은 우스꽝스러울 정도다. 우리를 이웃으로 하여금 증오해야 할 대상으로 만들고, 우리에게 명철한 의식을 앗아가는 오만을 경계하지 않으면 안 된다.

-

부를 내세워 오만하게 구는 사람은, 한 가지 더 가장 중대한 점을 잊어버린다. 소유에는 하나의 사회적 책임이 따른다는 것이다. 물론 개인의 재산은 개인의 존재나 자유와 마찬가지로 정당한 것이다. 이러한 것들은 삶에서 분리할 수 없는, 모든 삶의 기초를 이루는 것들이기에 이를 공격하는 일은 위험천만한 몽상일 것이다. 하지만 개인은 모든 점에서 사회와 연결되어 있기에, 무엇을 하더라도 사회 전체를 고려해야 한다. 그러므로 소유라는 것은, 잘난 척할 수 있는 특권이라기보다 그 무게를 느껴야 할 책임이다.

사회적 역할을 완수하기 위해 수습 과정이 필요한 것과 마찬가지로, 부자의 역할을 하기 위해서는 수습 과정이 필요하다. 소유하는 방법은 배워야 할 하나의 기술이며, 더욱이 가장 배우기 힘든 기술이다. 가난한 사람이든 부유한 사람이든 간에 대부분의 사람들은 부유함의 경지에 들어서면 그저 안이한 생활에 몸을 맡기면 된다고 생각하는 경향이 있다. 이러한 생각 때문에 부자로서 사는 법을 아는 사람이 드문 것이다. 너무나도 많은 사람들에게 있어 부는 마틴 루터의 호쾌한 비유처럼 '당나귀의 발아래 놓인 하프'와 같다. 즉 사람들은 부를 어떻게 사용해야 하는지 모른다.

그러므로 우리는 부자이면서 단순한 사람, 즉 부를 자기의 인간적 사명을 완수하기 위한 하나의 수단으로 보는 사람을 만난다면 그 사람에게 경의를 표해야 마땅하다. 그는 갖가지 장애를 극복하고 갖가지 시련에 싸워 이겼으며, 비속하거나 빠지기 쉬운 유혹에 넘어가지 않은 대단한 사람이기 때문이다. 그는 지갑 안에 든 것을 자신의 머릿속이나 마음속에 든 것과 혼동하지 않고, 주위 사람들을 존중하는 데 있어 계산기를 두드리는 사람도 아닐 것이다. 부를 가졌다는 그의 예외적인 지위는, 그를 거만하게 하기는커녕 그를 겸손하게 할 것이다. 그는 자신에게 부족한 점이 무엇인지 알고, 자신의 의무를 완벽하게 해낼 수 없다는 것을 알고 있기 때문이다. 한마디로 말하면, 그는 부자이지만 인간답게 행동한다. 즉 그는 모든 이에게 친절하고, 다른 사람들을 기꺼이 도우며, 자신의 부를 장벽으로 삼아 타인으로부터 자신을 격리시키는 것이 아니라 그 재산을 하나의 수단으로 이용하여 더욱더 다른 사람들에게 다가간다. 부자라는 역할은 너무도 많은 이기적인 사람들의 오만으로 인해 독으로 여겨져 왔지만, 단순한 부자는 정의에 무감각하지 않은 모든 사람들에게 결국 존경받게 된다. 이와 같은 존경할 만한 부자의 생활모습을 지켜본 사람이라면 누구라도 자기 자신을 되돌아보고 이렇게 자문할 것이다. "저런 지위에 있다면 나는 어떻게 했을까? 저 검소함, 저 초탈한 모습, 저 성실함을 나는 가질 수 있었을까?"라고 말이다.

이 세상이 존재하고 인간사회가 있는 한, 잔혹한 이해관계에 얽힌 갈등이 있는 한, 시기와 이기주의가 지상에 존재하는 한, 단순함의 정신으로 무장한 부만큼 존경해야 할 것은 없다. 이와 같은 부는 용서받기는커녕 사랑받아 마땅하다.

부유함을 자랑하는 오만보다 더욱 유해한 것이 권력을 앞세우는 오만이다. 여기서 권력이라 함은 커다란 힘이든 작은 힘이든 간에 한 인간이 다른 인간의 위에서 군림하며 행사하는 일체의 힘을 말한다. 이 세상에서 인간들 간의 힘의 관계가 불평등한 것은 피할 수 없는 일일 것이다. 모든 조직은 권력에 따라 계급이 나뉜다. 우리는 결코 그러한 계급구조에서 빠져나올 수 없다. 하지만 내가 두려운 것은, 권력을 선호하는 사람은 아주 많지만, 권력의 진정한 정신을 알고 있는 사람은 거의 없다는 것이다. 권력의 정신을 오해하고 남용한 나머지, 작은 권력이라도 가진 사람들은 거의 모든 곳에서 권위를 내세우려 한다.

권력은 그것을 장악하고 있는 자에게 극히 강한 영향을 미친다. 권력에 의해 혼란해하지 않으려면 정신을 똑바로 차리지 않으면 안 된다. 로마 황제들이 절대권력을 갖던 시대에 그들이 사로잡힌 일종의 광기는 어느 시대에나 존재하던 보편적인 병이다. 어떤 인간도 그 내면에 폭군이 잠자고 있어서, 기회가 있으면 눈을 뜨려고 기다리고 있다는 말이다. 그 폭군은 우리가 받아들이기 힘들 정도로 권위를 그릇되게 사용하기 때문에 최악의 적이라 할 수 있다. 여기에서 무수한 사회적 혼잡, 충돌, 증오가 생겨난다.

자신에게 의존하고 있는 사람들에게 "내 의지대로 그렇게 해라! 그것이 나를 즐겁게 하는 것이니 그렇게 해라!"라고 말하는 사람은 나쁜 짓을 하는 사람이다. 우리는 누구나 개인의 권력에 대항하는 무언가를 자기 안에 품고 있다. 그리고 그 무언가는 매우 존중되어야 한다. 기본적으로 우리는 평등하기 때문이다. 그 사람은 그 사람이고, 나는 나이기 때문에, 나에게 복종을 강요할 권리를 가진 자는 아무도 없다. 그럼에도 나를 복종시키려고 한다면 그는 나를 초라하게 만드는 것이며, 순순히 초라해질 수는 없는 노릇이다.

학교·직장·군대·관청에서 일한 적이 있거나, 주인과 하인의 관계를 목격한 적이 있거나, 한 인간이 같은 인간에게 권력을 휘두르는 모습을 본 적이 있다면, 거만하게 권력을 행사하는 사람들이 가하는 해악을 알고 있을 것이다. 그러한 권력자들은 우리의 자유로운 영혼을 노예로, 반역자로 만든다. 특히 복종하는 자가 명령하는 자와 가까이 지낼 수밖에 없을 때 이러한 불길한 반사회적 결과는 더 확실하게 발생하는 듯하다. 그중에서도 가장 인정사정없는 폭군은 권력자의 밑에서 하찮은 권력을 내세워 횡포를 부리는 작은 폭군이다. 작은 폭군은 평범한 모습으로 우리에게 다가온다. 이를테면 마을 공장장이나 작업반장은 사장이나 공장주보다도 흉포하다. 또, 대장보다는 소대장이 병사들을 더 엄격하게 다룬다. 집

주인 여자가 가정부보다 교육수준이 떨어지는 경우에 둘의 관계는 마치 간수와 수감자의 관계가 되기 쉽다. 이러한 작은 폭군 아래서 일할 수밖에 없는 사람은 세상 어디에서든 불행한 법이다.

권력을 행사하는 사람의 첫째 의무가 겸손이라는 것을 우리는 너무도 잊고 있다. 오만은 권위가 아니다. 또 우리가 규범은 아니다. 규범은 모든 사람의 위에 있는 것이다. 우리는 단지 규범을 해석하는 사람에 지나지 않는다. 하지만 다른 사람에게 규범이 가치 있음을 증명해 보이려면, 먼저 우리 자신이 규범을 지키지 않으면 안 된다. 인간사회에 있어 명령과 복종은 '자발적 순종'이란 덕목의 양면에 지나지 않는다. 대부분의 경우, 사람들이 우리에게 복종하지 않는 것은, 우리 자신이 먼저 그들에게 복종하지 않았기 때문이다.

사람들의 정신에 영향을 미칠 수 있을 정도로 권위를 세울 수 있는 방법은 단순함으로 명령하는 것이다. 단순함으로 명령하는 사람들이야말로 사람들에게 정신적 권세를 미칠 수 있다. 단순함으로 명령하는 사람은 현실의 잔혹함을 단순함으로 진정시킨다. 그들의 권력은 완장에 있는 것도 아니고, 직함에 있는 것도 아니고, 징계수단에 있는 것도 아니다. 그들은 채찍을 가지고 있지도 않고, 협박을 하지도 않는다. 그럼에도 불구하고 그들은 원하는 것을 모두 손에 넣을 수 있다. 왜일까? 그들이 어떠한 일이라도 하려는 준비가 되어 있다는 것을 누구라도 느낄 수 있기 때문이다.

어떤 사람이 다른 사람에게 시간, 돈, 재산, 목숨의 희생까지도 요구할 수 있는 이유는 그 스스로 이러한 모든 희생을 결심했을 뿐 아니라 이미 마음속으로는 희생했기 때문이다. 이와 같은 희생정신으로 살아가는 사람이 내리는 명령에는 뭐라고 표현할 수 없는 힘이 들어 있어서, 그의 명령을 따르고 그를 도와 자기의 의무를 완수해야 하는 사람들에게까지 전달된다.

인간이 활동하는 모든 영역에는 부하와 병사들에게 영감을 주고, 강화시키고, 힘을 북돋는 리더가 있다. 그러한 리더와 함께라면 어떤 노력도 아깝지 않고, 불속이라도 뛰어들 수 있을 것 같은 마음이 드는 것이다. 그리하여 실제로도 열광적인 불속으로 뛰어든다.

—

돈이 많거나 권력을 가진 사람의 오만뿐 아니라, 평범한 사람들에게서 보이는 오만도 있다. 즉 하층민에게도 고위고관의 거만함과 겨룰 만한 오만함이 있다는 말이다. 누구에게서 나타나든지 간에 오만의 뿌리는 같다. "내가 곧 법이다." 이런 말을 하는 사람은 거만하고 건방져서 그 태도만으로도 사람들에게 반감을 일으킨다. 이러한 오만한 생각을 가진 고집 센 하층민은 자기보다 우수한 사람들의 존재를 인정하지 않으며, "내가 곧 법이다"라고 소리친다. 실제로, 세상에는 자기보다 우수한 사람을 대할 때 짜증을 내는 사람들이 적지 않다. 그들은 모든 의견을 공격이라고 느끼고, 모든 비판을 비방이라고 느끼며, 모든 명령을 자신들의 자유를 침해하는 것이라고 느낀다. 그들은 규칙을 견디지 못한다. 그들에게 있어 무언가를 또는 누군가를 존경하는 일은 정신이상처럼 보일 것이다. 그들은 그들 나름대로 우리를 향하여 말한다. "우리를 넘어서는 것은 아무것도 없다."

자존심이 세서 양보할 줄도 협의할 줄도 모르고 낮은 위치에 있으면서 상사가 자신을 대우해주지 않는다고 불평하는 사람들, 어떤 훌륭한 사람이나 어떤 인간적인 사람에 의해서도 만족하지 못하는 사람들, 죽는소리를 하며 마지못해 자신의 의무를 하는 사람들 역시 오만한 인간의 부류에 속한다. 이렇게 언제나 불평불만인 사람들의 마음속에는 부적절한 자존심이 있다. 그들은 솔직하게 자신의 위치를 받아들일 줄 모르고, 무리한 요구와 올바르지 않은 흑심으로 자신의 삶은 물론 타인의 삶마저 복잡하게 만든다.

인간을 자세히 연구하다 보면, 너무도 평범해 보이는 사람들 사이에도 오만이 잔뜩 숨어 있는 데 놀라곤 한다. 오만이라는 악덕의

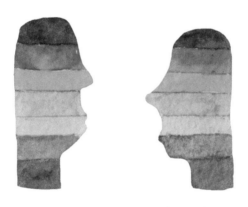

힘은 대단한 것이어서, 시답잖은 환경에 사는 사람들도 자존심 때문에 벽을 쌓고 이웃과 어울리지 않는 경우도 있다. 주변 사람들을 경멸하며 담을 쌓고 살아가는 그들은 좀처럼 밖으로 나오지 않는 까닭에, 배타적 편견 뒤에 숨은 세상의 권력자들만큼이나 가까이 하기가 쉽지 않다. 이러한 오만함으로, 그들은 잘 알려지지 않은 사람이든 유명한 사람이든 간에 상관없이 모든 인류를 적으로 간주하고 음울한 왕좌에 홀로 앉는다. 고독함과 무력함을 불러올 뿐인 이 오만함은 빈곤한 사람이든 높은 자리에 있는 사람이든 누구에게나 존재하며, 모든 사람을 경계하고 모든 일을 복잡하게 만든다. 결국 사회적 계급 사이에 증오와 적개심이 나타나는 이유는 외적인 숙명이라기보다 내적인 숙명의 탓이라는 것은 아무리 반복해서 이야기해도 지나치지 않다.

이해관계의 대립과 지위의 대조되는 차이가 계급 간에 웅덩이를 파는 것은 누구도 부정할 수 없는 진실이다. 하지만 오만은 그 작은 웅덩이를 심연으로 바꾸어 버린다. 그리하여 한쪽 언덕에서 건너편 언덕을 향해 "당신과 나 사이에는 어떤 공통점도 없다"고 외치는 것은 근본적으로는 오만함 때문이다.

오만에 관한 이야기는 이것으로 끝난 것이 아니지만, 온갖 형태로 나타나는 오만을 제시하는 것은 너무나도 어려운 일이다. 여러 오만 가운데 특히 내가 가장 분개하는 것은, 지식이 오만과 만나 변질되는 것이다. 부나 권력과 마찬가지로 지식을 쌓는 것도 다른 이들의 희생이 있었기에 가능한 것이다. 따라서 지식은 인간에게 도움이 되는 힘, 하나의 사회적 힘으로서 기능해야 한다. 그럼에도 지식 있는 사람들이 다른 마음을 품고 지식 없는 사람들의 옆에 머물러 있다면, 지식은 사회적 힘으로서 기능할 수 없게 된다. 지식이 개인의 야심을 채우는 도구로 전락한다면 지식은 그 자신을 망치는 도구가 될 뿐이다.

그럼 훌륭한 사람들의 오만에 관해서는 뭐라고 하면 좋을까? 훌륭한 사람에게도 분명 오만이 존재하고, 그러한 오만은 그들의 미덕마저 혐오스럽게 만든다.

본인은 정의롭지만 타인의 잘못을 안타까워하고 연대책임을 느끼는 사람은 사회적 정의를 중요하게 생각하는 사람이지만, 이에 반해 자기는 정의롭지만 타인의 잘못을 탓하고 경멸하는 사람은 인류애가 없는 사람이다. 그리하여 그의 수많은 장점도 그의 허영심의 허무한 장식으로 추락하고, 자애가 없는 부나 복종의 정신으로 완화되지 않는 권위와 같이 변질된다. 오만한 부자나 건방진 권력자만큼이나 거만한 미덕은 혐오스럽다. 그와 같은 미덕을 행하는 사람은 뭔가 모를 도발적인 표정이나 태도를 보이기 때문에, 그는 미덕으로 우리를 끌어들이기는커녕 반발심만 키우게 된다. 그런 자에게서 은혜를 입는 것은 따귀를 맞는 것이나 마찬가지일 것이다.

이제 결론을 이야기하겠다.

우리가 어떤 장점을 가지고 있든, 그 장점을 내세워 허영심을 채우려는 생각은 잘못된 것이다. 각자가 가진 장점은 자신에게 부여된 하나의 의무이지, 자만하기 위한 도구가 아니다. 물질적 부, 권력, 지식, 바른 마음과 정신적 오만을 키우는 데 쓰이면 그것은 오히려 불화의 원인이 되어버린다. 우리가 가진 장점을 겸손하게 여길 때만이 다른 사람에게 선을 베풀 수 있게 된다.

우리가 많이 소유하고 있다면, 그만큼 조심해야 한다. 왜냐하면 많이 가졌다는 것은 우리가 채무자라는 증거이기 때문이다. 인간이 소유하는 모든 것은 누군가의 희생 덕분이다. 게다가 우리는 우리의 빚을 갚을 수 있을지 없을지도 알 수 없다.

우리가 다른 사람의 운명을 손에 쥐고 있는 중요한 위치에 있다면 매우 조심해야 한다. 적어도 명석한 사람이라면, 그와 같은 책임 있는 의무를 받아들이는 일이 자신에게 과분한 역할임을 느끼지 않을 수 없을 테니 말이다.

우리가 많은 지식을 가지고 있다면 그 또한 조심해야 한다. 그 지식은 미지의 세계를 한층 잘 이해하는 데 도움이 될 뿐이고, 타인이 애쓴 덕분에 발견한 막대한 것과 자신이 발견한 아주 작은 것을 비교하는 데 도움이 될 뿐이기 때문이다.

마지막으로, 우리가 덕을 지니고 있다면 특히 겸손해야 한다. 자기의 양심을 비춰보는 사람보다 자신의 결점을 더 잘 아는 사람은 많지 않다. 그와 같은 양심을 지닌 사람은 타인의 잘못을 관용할 줄 알고, 악행을 저지르는 이들을 대신해 스스로 고통을 짊어질 필요를 틀림없이 느낄 것이다.

—

"그렇다면 우리 삶에 있어 불가피한 차이는 어떻게 되는 건가요?" 이런 질문을 하는 사람이 있을지도 모르겠다. "단순함만을 강조한 나머지, 당신은 사회가 존재하는 데 반드시 유지해야 하는 인간 사이의 차이를 없애려는 건가요?"

구별이나 차이를 없애자고 말하는 것이 아니다. 다만 나는 한 사람의 인간을 다른 사람과 구별시키는 것은 지위도 아니고, 직업도 아니고, 복장도 아니고, 재산도 아니고, 단지 그 사람 자신이라고 생각한다. 다른 어떤 시대보다 현시대에, 단순히 겉만 보고 사람을 판단하는 것은 허무맹랑한 것임이 분명하다. 남들에게 대단한 인물로 보이기 위해 황제의 망토를 두르거나 왕관을 쓰는 것만으로는 충분하지 않다. 자기의 신분이나 직무, 명예를 나타내는 휘장 따위를 과시한다고 무슨 소용이 있겠는가? 물론 외적인 상징을 무조건 비난할 것은 아니다. 그 상징이 대단히 중요한 인물이나 사물을 대신하는 경우에는 의미도 있고 효용성도 있을 것이다. 하지만 그 상징이 아무런 대표성을 띠지 않고 별다른 의미가 없는 것이라면 무용지물에 불과하다.

다른 사람과의 차이를 만들 수 있는 단 하나의 진정한 방법은 보다 좋은 사람이 되는 것이다. 사회적으로 존경받을 만한 위치에 있기 때문에 당연히 다른 사람들로부터 존경받아 마땅하다고 생각한다면, 먼저 당신은 그 위치에 걸맞은 사람이 되어야 한다. 그렇지 않으면 당신은 다른 사람들로 하여금 당신의 그 위치를 증오하고 경멸하게 만들고 말 것이다.

현대인들 사이에서 다른 사람을 존중하고 존경하는 마음이 점차 사라지고 있는 것은 불행하게도 너무나 확연한 사실이다. 이와 같은 현상이 나타나는 이유는, 존경받아 마땅한 위치에 있음을 과시하는 사람이 누구인지 몰라서가 아니다. '존경심 저하'라는 이 병환의 원인은, 높은 지위에 있는 사람이 오히려 일상의 의무를 지키지 않아도 된다는 편견을 갖는 데 있다. 높은 지위에 있는 사람은 규범을 지키지 않아도 된다고 생각하는 것이다. 사회적 지위가 올라갈수록 복종과 겸손의 정신 또한 함께 높아져야 한다는 것을 잊어버리는 것이다. 그 결과, 높은 직위에 있는 사람은 자기의 지위에 걸맞은 존경심을 요구할 뿐, 존경받을 만한 일을 하는 경우는 극히 드물다. 오늘날 존경심이 줄고 있는 것은 바로 이런 까닭인 것이다.

우리가 삶에서 다른 사람과 차이를 둬야 할 유일한 것이 있다면, 그것은 보다 좋은 사람이 되려는 노력이다. 보다 좋은 사람이 되려고 노력하는 사람은, 자신보다 사회적으로 낮은 사람들에게도 한층 더 겸손하고 한층 더 다가가기 쉽고 한층 더 친밀하다. 더 가까이함으로써 그는 다른 사람들에게 더 개방되겠지만 그렇다고 그 관계에서 그의 사회적 지위가 무시되지는 않는다. 그는 오만하지 않았던 만큼, 오히려 그만큼의 존경을 얻게 된다.

단순함을 향한 교육

—

단순하게 살기는 마음가짐의 산물이기에, 교육이 단순하게 살기에 커다란 영향을 미치는 것은 당연하다.

일반적으로 자녀를 양육하는 방법은 크게 두 가지로 분류할 수 있다. 하나는 부모 자신을 위하여 자녀를 양육하는 것이고, 다른 하나는 오로지 자녀만을 위하여 양육하는 것이다.

먼저 전자의 경우를 살펴보자. 부모를 위하여 자녀를 양육한다는 것은 부모가 자녀를 자기의 부속물로 생각하는 것이다. 부모가 자녀를 자산의 일부로 취급하기 때문에, 자녀는 부모에게 관심을 얻기 위해서는 부모의 다른 소유물들과 경쟁을 해야만 한다. 부모가 애정 어린 생활을 중시하는 경우에는 부모에게 있어 자녀가 가장 높은 위치를 차지할 수도 있지만, 만일 부모가 물질적 이해에 지배되고 있는 경우에는 자녀는 제2위, 제3위, 아니 마지막의 위치로 쫓겨나는 수도 있다. 어떠한 경우에도, 자녀는 부모에게 하나의 인간으로서는 인정되지 못한다.

우리는 어린 시절에는 부모의 주위만을 맴돌게 된다. 어릴 때는 모든 것들이 부모에게 종속되어 있기 때문에 아이의 독창성은 억눌릴 수밖에 없다. 이러한 부모-자녀 간의 종속은 아이로 하여금 자신의 생각과 감정, 그 밖의 모든 것에 이르기까지 자신의 것을 무엇 하나 갖지 못하게 만든다. 이러한 상황이 지속되면, 어른이 되어서까지 변함없이 미성년의 허울을 벗지 못하고, 어른으로서 독립하기는커녕 마치 노예처럼 부모에게 얽매이게 된다. 따라서 그는 아버지가 원하는 사람, 즉 아버지의 사업 또는 종교적 신념이나 정치적 의견 또는 미적 취미에 이르기까지 아버지가 요구하는 대로의 사람이 된다. 그는 아버지의 뜻을 저버리지 않는 선에서 생각하고 이야기하고 행동하며, 결혼하고 가족을 늘릴 것이다.

이러한 가정에서의 독재는 그다지 의지가 강하지 않은 부모에 의해서도 행사될 수 있다. 가정의 질서를 위해서는 당연히 자녀는 부모의 소유물이어야 한다는 확신만으로 이러한 일이 가능해진다. 그러한 확신이 없더라도 다른 방법, 즉 한숨이나 애원, 저열한 유혹으로 자녀를 붙잡아둘 수도 있다. 만약 자녀에게 족쇄를 채울 수 없다면 덫을 놓거나 함정에 빠뜨려 부모의 소유물로 만들 수도 있다. 어쨌든 간에 자녀는 부모 곁에서 부모에 의해 부모를 위해 살아야만 한다. 그 외의 삶은 허용되지 않는다.

이런 종류의 교육은 가정에서뿐 아니라, 사회에서도 행해진다. 이들 사회적 기관의 주된 교육목적은, 새로운 사람을 길들여서 기존의 틀 안에 순순히 가두는 것에 있다. 종교 단체든 공산주의 단체든 또는 단순히 관료적인 또는 관공서든 간에 어쨌든 개인을 하나의 사회적 단체에 흡수하고 동화시키는 것이다. 겉으로 보기에 이러한 교육방법은 아주 단순해 보이며, 실제로도 무척 단순한 방법이다. 만약 인간이 각자 개성을 지닌 존재가 아니라 인종의 표본에 지나지 않는다면, 이것은 완전한 교육일 것이다. 모든 야생의 동물이나 모든 물고기나 모든 곤충 등 같은 종끼리는 같은 부분에 같은 무늬가 있는 것과 마찬가지로, 우리가 인종의 표본에 지나지 않았다면 우리는 모두 같은 취미, 같은 언어, 같은 신앙, 같은 경향을 지니고 있어야 할 것이다. 그러나 우리는 인종의 단순한 표본이 아니다. 그렇기 때문에 오히려 이런 종류의 교육은, 결과부터 말하자면 단순한 교육이 아니다.

인간은 제각기 매우 다르기 때문에 개개인의 생각을 억누르고 얼빠지게 하고 생각 자체를 없애려면 무수한 수단을 생각해내야만 할 것이다. 하지만 그러한 시도는 일부밖에 달성될 수 없기 때문에 결국에는 모든 것이 혼란스러워질 것이다.

시시때때로 우리는 내면의 틈새를 뚫고 올라온 진취적인 힘을 외부로 발산함에 따라 심각한 혼란과 무질서를 일으키기도 한다. 그런데 이러한 내면으로부터의 힘을 전혀 밖으로 드러내지 않고 외부의 힘 아래 억압당하는 경우에는 우리의 내면에 악이 자리 잡게 된다. 즉 겉으로 보기에는 질서 있어 보이지만 그 아래에는 지독한 반항심, 비정상적인 생활에 의해 만들어진 결함, 냉담함 등이 숨게 되는 것이다. 이러한 결과를 낳는 교육은 나쁜 교육이다. 게다가 그것은 아무리 단순하게 보여도, 실은 모든 번거로운 일을 초래하기 마련이다.

-

이제 앞서 말한 교육의 두 가지 측면 중에 후자의 것에 대해 이야기해 보자. 이것은 전자의 것과는 완전히 대립하는 것으로, 오로지 자녀만을 위한 교육이다. 여기서는 부모-자녀의 역할이 전자와는 반대로 이루어진다. 즉 부모가 자녀를 위해 존재한다.

아이는 태어나자마자 가정의 중심이 된다. 할아버지의 흰머리나 아버지의 늠름한 머리도 아이의 쪼글쪼글한 머리 앞에 숙여진다. 아이의 한마디는 할아버지와 아버지에게 법이 되고, 아이는 작은 신호를 보내는 것만으로 원하는 것을 이룰 수 있다. 이를테면 아이가 한밤중에 흔들침대에서 조금만 크게 울어도 집 안의 모든 사람들이 일어난다. 아무리 피곤해도 말이다. 갓난아이는 곧 자신의 전능을 깨닫게 된다. 그리고 아이는 걷기도 전에 집안의 권좌에 오르게 된다. 커가면서 아이의 권력은 나날이 증대해 부모, 조부모, 하인, 교사 등 모든 사람이 아이가 말하는 대로 움직여준다. 더 나아가 이웃마저 아이를 존중하고, 희생하는 일도 마다하지 않는다. 그럼으로써 아이는 자신의 앞길을 막아서는 자가 있다는 사실을 용납하지 않게 되고, 자신밖에 모르며, 자신은 아무런 잘못이 없는 유일하고 완전한 사람이라고 착각하게 된다. 그때가 되어서야 사람들은 자신들이 스스로 종이 됨으로써 아이를 주인으로 만들었다는 것을 깨닫는다. 사람이 바친 희생을 잊고, 존경을 모르고, 연민과 정마저도 없는 그런 주인으로! 그 아이는 자신의 길을 규범도 없이 제멋대로 걸어나갈 것이다.

이와 같은 교육 역시 가정뿐만 아니라 널리 사회에서도 행해지고 있다. 과거가 중요시되지 않는 곳, 역사가 현재 살아 있는 사람들로부터 시작된 곳, 전통도 없고 규율도 없고 존경도 없는 곳, 가장 적은 지식을 가진 사람들이 되레 큰소리를 내는 곳, 공공의 질서를 대표해야 할 사람들이 어쩌다 굴러들어온 인간의 눈치를 보는 곳에서 그러하다. 심지어 그 인간은 무턱대고 소리를 지르고, 자신은 누구도 존경하지 않는다며 함부로 구는데도 말이다. 이는 여러 일시적인 열정이 지배하고, 저열한 독단이 승리하는 교육방식이다.

이상 두 가지의 교육을 살펴보았다. 전자는 환경을 고양하는 교육, 후자는 개인을 고양하는 교육이다. 또한 전자가 전통의 절대주의라고 한다면, 후자는 새로이 오는 자의 독재다. 이 두 가지 교육을 자세히 비교해 살펴보면, 어떤 것도 불행한 교육이라는 것을 깨닫게 될 것이다. 하지만 무엇보다 가장 불행한 것은, 이 두 가지의 교육이 결합된 것이다. 그러한 교육은 반은 로봇이고 반은 폭군인, 양처럼 유순한 정신과 반역 또는 압제적인 정신 사이를 오가는 인간을 낳는다.

—

오로지 아이만을 위해서 키워야 하는 것도 아니고, 부모를 위해서 키워야 하는 것도 아니다. 인간은 주인공이 되도록 운명이 예정되어 있는 것도 아니고, 인종의 표본이 되도록 운명 지어진 것도 아니기 때문이다.

우리는 아이들에게 삶을 사는 방법을 가르쳐야 한다. 아이를 위한 진정한 교육의 목적은 아이가 능동적인 사회의 일원으로서 이웃의 형제자매로서 나라를 위해 봉사하는 자유로운 사람이 되도록 하는 데 있다. 이 외에 다른 원리에 기초한 교육은 그저 생활을 복잡하게 만들고 왜곡시켜 모든 혼란의 씨를 뿌리는 것일 뿐이다.

아이의 운명을 한마디로 꼬집는다면 '미래'라는 말이 입안에 맴돈다. "아이들은 미래다." 이 말은 모든 것을 대신한다. 과거의 고난도 현재의 노력도 장래의 희망까지도 말이다. 그렇지만 교육을 시작하는 시기의 아이들은, 이 말의 의미를 헤아릴 수 없다. 이 시기의 아이들은 당면한 현재의 인상에 현혹되어 있기 때문이다. 그럼 누가 아이들을 가르쳐서 깨우치고, 아이에게 가야 할 길을 가도록 지도해야 할까? 부모와 교육자들이다.

조금만 생각해본다면, 아이를 교육하는 일은 단지 교육자와 아이 개인에게만 영향을 미치는 일이 아님을 알 수 있다. 즉 교육자는 아이들이 미래의 시민임을 잊지 말고 개인적인 이해관계를 떠나 아이들을 교육해야 한다. 이렇게 생각해보면, 교육자들은 서로 보완적 관계에 있는 두 가지를 걱정하게 될 것이다. 하나는 아이의 내면에서 싹트고 자라야 할 개인적인 힘이고, 또 하나는 그 힘의 사회적 사명이다. 교육자들은 아이를 교육함에 있어 그들이 맡고 있는 어린아이들이 자기 자신이 됨과 동시에 이웃의 형제자매로서 성장해야 한다는 것을 잊지 말아야 한다. 자기 자신이 되는 것과 이웃의 형제자매가 되는 것은 서로 부딪히는 조건이 아니라 같이 묶여 있지 않으면 존재할 수 없는 것이다. 자기의 주인으로서 자신을 소유하지 않으면 주변 사람을 사랑하거나 자신을 희생할 수 없다. 또한 반대로, 생활의 표면상 벌어지는 생각지 못한 일들을 넘어서 인간존재의 근원, 즉 인간은 각자의 안에 있는 깊은 무엇으로 서로 연결되어 있다는 것을 느끼지 못한다면 누구도 자기를 소유할 수 없고, 자기 자신과 타인의 다른 점을 파악할 수 없다.

아이가 자기 자신이 됨과 동시에 이웃의 형제자매로서 성장하는 것을 돕기 위해서는 여러 무질서한 힘의 폭력적이고 유해한 영향으로부터 아이를 지키지 않으면 안 된다. 여기서 무질서한 힘은 외부적인 것과 내부적인 것이 있다. 외부적 위험은 물질적인 위험뿐 아니라 타인의 폭력적인 간섭에 의한 위험이며, 내부적 위험은 자의식 과잉과 그로 인한 온갖 환상에 의한 위험이다.

외부의 위험 가운데 특히 위협적인 것은 교육자의 권력남용이다. 교육의 영역에서는 강자가 권리를 주장하기가 용이하기 때문이다. 따라서 교육에 종사하려는 사람은 강자의 권리를 포기해야 한다. 다시 말하면, 자신에 관한 열등감을 버려야 한다. 열등감은 우리로 하여금 타인의 적이 되게 하고, 심지어 우리 자녀들의 적이 되게 할 수도 있기 때문이다. 우리의 권위는 우리 자신보다 우월한 사람을 본받을 때 비로소 교육에 도움이 된다. 그런 경우 우리의 권위는 유익할 뿐 아니라 없어서는 안 될 것이 된다. 그리고 인간을 위협하는 최대의 내부적 위험, 즉 자의식 과잉을 막을 수 있는 최상의 방벽으로 작용한다.

-

인생의 시작 지점에 있는 어린아이들이 어떤 대상에 대하여 마음속에 새기는 인상은 매우 강렬한 편이다. 따라서 아이들이 갖는 인상에 균형을 잡아주기 위해서는 우월한 위치에 있는 사람의 영향권하에서 교육하는 것이 중요하다. 본래 교육자의 역할은 아이들을 이끌어주는 것이며, 그 역할은 객관적이고 지속적으로 이루어져야 한다.

그렇기에 교육자들은 세상에서 존경을 받을 만한 대표라고 할 수 있다. 교육자는 인생의 길을 내딛는 아이에게 있어, 자신을 앞서고 뛰어넘으면서도 자신을 따뜻하게 감싸주는 존재라는 인상을 주어야 한다. 이를테면 아이를 강압적인 힘으로 억누르는 존재가 아니라, 아이의 힘을 키우는 자양분이 되어야 한다. 이와 같은 영향력은 공순함의 정신을 함양함으로써, 그러한 정신에서 자유로운 영혼이 태어난다.

부모와 교사와 학교의 순전히 개인적인 권위에 에워싸인 아이는 무성한 가시나무들 밑에 있는 어린 나무와 같다. 무성한 가시나무들 밑에서는 어린 나무는 자라나지 못한다. 어린 나무의 잎사귀는 색이 바래고 말라버릴 것이다. 반대로 개인적인 것이 개입되지 않은 권위는 빛이 반짝이는 맑은 공기와 닮아 있다. 이러한 권위는 확실히 강력하고 나름대로 우리에게 영향을 미치지만, 우리의 개성의 길러주고 견고하고 안정되게 만들어준다. 이러한 권위가 없는 교육은 교육이 아니다.

교육자의 역할은 감독하고 지도하고 훈육하는 것이다. 교육자는 아이에게 변덕스러운 장벽처럼 보여서는 안 된다. 변덕스럽게 높이가 바뀌어서 그 높이를 짐작하여 뛰어넘어야만 하는 장애물 같은 장벽 말이다. 교육자는 투명한 벽으로 보여야 한다. 그 벽 너머에는 아무리 해도 거역할 수 없는 여러 규칙과 진리가 존재하는 확고부동한 세계가 명확히 보여야 한다. 교육자의 투명한 벽을 마주

할 때야 진정한 존경의 마음이 생겨나는 법이다. 자기보다 더 위대한 것을 인정하는 존경의 마음이, 우리를 겸손하게 만듦으로써 우리를 위대하게 만들고, 우리를 자유롭게 만들어주는 존경의 마음이 생겨나는 것이다. 단순함을 위한 교육의 원칙은 이렇게 요약될 수 있다. "공순하면서도 자유로운 사람, 자기 자신으로 존재하면서 또한 이웃의 형제자매로 키우는 것!"

이 원칙의 현실적인 적용을 살펴보자.

아이들은 곧 미래이기에 우리는 경건한 마음으로 아이와 과거를 이어주기 위한 노력을 해야 한다. 그러기 위해서는 인상적인 형태로 전통을 장식할 필요가 있다. 이를테면 과거를 기념할 만한 것들이나 집안의 역사가 교육과 가정생활에 있어 특별한 위치를 점유해야 한다. 특히 부모는 그 자신들의 부모, 즉 할아버지 할머니를 웃어른으로서 공경하는 모습을 자녀들에게 보여줌으로써 의무를 다해야 한다. 때로는 병약한 모습을 보이는 나이 든 할머니 할아버지에게 부모가 공손한 태도를 보이는 것만큼 아이를 크게 감화시키는 일은 없다. 또한 그것만큼 아이에게 겸손함을 발달시키는 것도 없다. 이 교훈은 반박이 불가능한 불변의 진리다.

이 교훈이 제대로 힘을 발휘하기 위해서는, 한집에 사는 모든 어른들 간에 암묵적인 합의가 필요하다. 교육적인 권위를 실추시키지 않으려면, 어른들은 서로 돕고 서로 존중하고 이해하고 있다는 것을 아이에게 보여주어야 한다. 또한 이러한 암묵적인 합의에는 하인들도 포함해야 한다. 하인도 어른이다. 그러므로 아이가 하인을 존중하지 않는다면, 자신의 부모나 조부모를 존중하지 않는 것과 마찬가지로, 존경심이 생기지 않게 된다. 아이가 연장자에게 무례하게 굴고 건방지게 행동한다면 그것은 곧 일탈된 것이다. 그때 부모가 자녀에게 주의를 주지 않는다면, 부모는 자식의 행동을 통해서 아이의 마음속에 악마가 들어가 있음을 깨닫게 될 것이다.

아이들은 존경심을 알지 못한다는 의견을 내세우며, 아이들이 어른을 존경하지 않는 갖가지 예를 설명하려는 사람이 있지만, 그것은 잘못된 생각이다. 존경심은 아이에게 필수적으로 필요한 것이다. 존경의 감정은 아이에게 있어서는 하나의 욕구이다. 아이는 존경에 의해 정신적으로 성장한다. 아이는 무언가를 존경하고 흠모하고 싶은 마음을 막연하게 품고 있다. 그러나 이러한 아이의 열렬한 바람을 이용하지 않기 때문에 그 열망은 점차 빛을 잃게 되고 결국 부패하게 된다. 어른들이 단결하고 서로를 존경하는 모습을 아이들에게 보여주지 못하는 까닭에, 아이들은 어른들뿐 아니라 모든 존경할 만한 것에 대한 신뢰를 잃어가는 것이다. 우리 어른들이 아이들에게 나쁜 정신을 심어줌으로써 일어나는 결과는 결국 우리에게 돌아오게 되어 있다.

-

결국 우리가 받게 될 그 결과는, 하인을 존중하지 않는 아이의 예에서 명백히 드러난다. 우리의 사회적 잘못, 즉 우리의 단순함과 친절의 결여가 결국 우리 아이들을 덮치는 것이다.

아이들이 하인들을 존중하는 마음을 잃지 않게 할 수만 있다면 수천 프랑을 잃어도 아깝지 않다고 생각하는 부르주아는 극히 드물겠지만, 그렇다고 해도 돈보다 타인을 존중하는 마음이 더 중요하다는 것은 진리이다.

신분의 차이와 관습을 유지하고 싶은 사람이라면 사회적 경계선을 넘지 않는 것이 좋다고 생각하겠지만, 우리에게 봉사하고 있는 사람들도 우리와 마찬가지로 인간이라는 것을 결코 잊어서는 안 된다.

당신은 하인들에게 당신을 대할 때의 일정한 말투와 태도를 가르칠 것이다. 하인들로 하여금 당신에게 표해야 할 존경의 징표를 강요하는 것이다. 그렇다면 당신이 하인들로부터 존중받고 싶어 하는 것처럼, 당신 또한 하인들의 인간적 존엄을 존중한다는 태도를 취하는가? 그러한 태도를 당신의 아이들에게도 가르치고, 당신 자신도 행하고 있는가?

상호존중은 건전한 사회에 꼭 필요한 하나의 조건이다. 가정은 상호존중을 배우고 익히기에 적합하다. 그럼에도 불구하고 가정은 상호존중을 교육하는 데 거의 이용되지 않고 있다.

하인에게 존중을 강요하면서, 자신은 하인을 존중하지 않는다면 결국 하인들에게서 위선적인 존중만을 받게 될 것이다. 게다가 당신은 전혀 예상할 수 없었던 결과, 즉 아이들에게 오만한 마음을 심어 주는 결과를 낳게 될 것이다. 이 위선과 오만이 결합하면 이는 우리가 보호해야 할 아이들의 미래에 커다란 장애물로 작용하게 된다. 그러므로 일상적인 습관과 관습을 지킨다는 이유로 하인을 존중하는 마음을 갖지 않는다면 결국 매우 큰 손실을 자초하게 된다.

대부분의 사람들은 존경의 마음을 없애려고 애쓰는 것처럼 보인다. 거의 모든 사회계층에 있어 아이들의 모습에서 상호경멸의 나쁜 정신이 깃들어 있음이 엿보인다. 이쪽에서는 굳은살 박인 손에 작업복을 입은 사람을 경멸하고, 다른 쪽에서는 반대로 작업복을 입지 않은 사람을 경멸하고 있다. 이러한 정신으로 자라나는 아이들은 결국 서로를 경멸하는 서글픈 시민이 될 것이다. 이는 전부 단순함이 결여되어 있는 탓이다. 단순함만이 비로소 한 사회의 여러 계층의 사람들이 그들의 거리를 좁히고 협력하는 일을 가능케 한다.

계층의식이 그러하듯, 당파의식 또한 존중을 잃게 하는 하나의 요소이다. 어떤 지역에서는 아이들에게 단 하나의 조국, 즉 자신들의 조국, 단 하나의 정치, 즉 부모와 교사들의 정치적 성향, 단 하나의 종교, 즉 그들에게 입력되어진 종교만을 존중하도록 가르친다. 이런 식으로 조국과 종교와 법을 존중하는 사람을 만들 수 있다고 생각하는 것일까? 우리에게 관계된 것이나 우리에게 속한 것만 존중하는 마음이 정말로 훌륭한 것이라고 말할 수 있을까? 자신들 이외의 사람은 누구 하나 존중하지 않는 철저한 당파성은 참 이상한 일이다! 그들은 "조국은, 종교는, 법은 바로 우리다!"라고 외치는 것이나 다름없다. 이와 같은 교육은 광신을 낳는다. 광신이 반사회적 현상을 일으키는 유일한 원인은 아니라고 해도, 가장 최악의 반사회적 유인의 하나인 것은 분명한 사실이다.

—

마음의 단순함이 다른 사람을 존중하는 데 있어 반드시 필요한 조건이라면, 삶의 단순함은 존중을 가르치는 데 있어 최상의 학교다. 당신의 재산 수준이 어떠하든 간에, 당신의 아이들이 다른 사람들보다 우월하다고 느낄 우려가 있는 것은 모두 피해야 한다. 가령 당신이 아이들에게 사치스러운 복장을 입힐 수 있는 신분이더라도, 그것이 아이들의 허영심을 자극하여 아이들을 해칠 수도 있

240

다는 생각을 먼저 해야 한다. 무리보다 뛰어나게 품위 있어 보이기 위해서는 몸치장에만 공들이면 된다고 생각하는 재앙에 아이들이 떨어지지 않도록 해야 한다. 특히 가뜩이나 이미 다른 아이들과 거리를 두고 있음에도, 복장과 습관으로 인해 더욱 거리를 두게 되지 않도록 해야 한다.

아이들은 단순하게 입혀야 한다. 만약 화려한 옷으로 아이들에게 기쁨을 주기 위해 당신이 노력하고 절약해야 한다면, 그 희생정신은 좀 더 좋은 일을 위하여 아껴두라고 권하고 싶다. 당신의 희생은 보상받지 못할 우려가 있기 때문이다. 지금 당장은 당신의 돈을 낭비할 뿐이지만, 아마도 가까운 장래에 당신은 아이들의 망은을 한탄하게 될 것이다. 그보다 당신은 좀 더 중요한 생필품을 위하여 저금해두는 편이 좋을 것이다.

당신의 자녀들에게 당신의 분에 넘치는, 또한 자녀들에게 있어 그들의 분에 넘치는 생활습관을 가르치는 것은 얼마나 위험천만한 일인가! 우선 그것은 경제적으로 매우 무리한 일이며, 또한 가족 간에도 경멸을 부추기는 일이다. 당신이 자녀를 어린 왕과 같이 꾸며주고, 자녀로 하여금 부모보다 우수한 인간이라는 생각을 갖게 만든다면, 자녀가 결국 당신을 욕보인다 한들 무슨 할 말이 있겠는가. 그들은 당신에게 부양받으면서도 당신 집에서의 생활을 보잘것없는 생활이라고 부끄러워할 것이다. 이렇게 크는 아이들은 돈이 많이 드는데다가 아무런 쓸모도 지니지 못하게 된다.

—

아이들로 하여금 자신의 부모나 자신들이 자라난 환경, 습성, 다른 이들의 수고로움마저 경멸하게 만드는 교육도 있다. 이 같은 교육은 곧 재앙이다. 이러한 교육은 자신들의 근원, 자신들의 탄생, 자신들의 친족관계 등 요컨대 인간의 기초를 이루는 일체의 것으로부터 정신적으로 멀어지며 불평불만을 가지는 인간의 무리를 낳는다. 그들을 낳은 믿음직스러운 나무인 가정으로부터 분리되어 그들은 야심이란 바람에 길을 잃고 헤매다가 낙엽처럼 굴러다닐 것이다. 결국 어느 장소에 가서 쌓이고 발효되어 썩어가는 낙엽과 같이 말이다.

자연은 갑자기 빠르게 비약하는 것이 아니라, 천천히 확실하게 진행되어간다. 우리 아이들의 삶을 준비하는 데 있어서도 자연의 원리를 따라야 하지 않겠는가! 진보나 전진을 공중제비라고 불리는 격렬한 운동과 혼동해서는 안 된다. 우리는 자녀를 키울 때 아이들이 부모의 직업이나 꿈, 단순함의 정신을 경멸하지 않도록 해

야 한다. 만일 자녀가 성장해 부자가 된다고 해도, 부모인 우리의 빈곤을 부끄러워하는 나쁜 유혹에 빠지는 일이 없도록 미리부터 가르쳐야 한다. 농민의 아들들이 논밭을 혐오하고, 어부의 아들들이 바다를 버리고, 노동자의 딸들이 재산가의 외동딸처럼 보이려고 자신의 허름한 부모와 거리를 두고 혼자 떨어져 걸어가기를 바란다면 사회는 이미 병들어 있는 것이다. 반면에 부모의 생업을 따라 일을 하면서도 부모보다는 좀 더 훌륭하게 향상을 목표로 노력하고, 처음에는 작은 일이라도 그것을 양심적으로 완수해갈 때 그 사회는 건전한 사회이다.*

-

우리는 아이들이 자유로운 사람이 되도록 키워야 한다. 만약 당신이 아이들을 자유로운 인간의 부류에 넣으려고 한다면 단순함으로 키워라. 단순하게 키우면 아이들의 행복이 줄어들지는 않을지 걱

---

* 여기서 노동 일반에 관하여, 노동이 교육에 미치는 긍정적인 영향에 관하여 이야기해야 하지만 이 주제에 관해서는 『정의』, 『젊음』, 『용기』 등에서 다뤘으므로, 이 서적들을 참조하기 바란다.

정할 필요는 없다. 오히려 아이들은 사치스러운 장난감이나 파티, 특이한 오락거리를 많이 접하면 접할수록 즐기는 마음을 잃는 법이다. 이에 대한 확실한 증거가 있다.

아이들을 기쁘게 하는 수단을 무턱대고 늘리지 않도록 해야 한다. 특히 부자연스러운 욕망을 갖지 않도록 해야 한다. 옷도, 음식도, 집도, 기분전환도 될 수 있는 한 복잡한 것이 아니라, 자연스럽고 단순해야 한다.

어떤 부모들은 아이들의 생활을 즐겁게 한다는 이유로 편식의 습관과 게으름을 가르친다. 아이들의 나이에 맞지 않는 자극을 경험하게 해주고, 호화로운 파티를 열어주기도 한다. 이 무슨 불길한 선물인가! 이런 일은 자유로운 인간이 아니라 노예를 키우는 결과를 낳는다. 사치에 익숙해진 아이는 사치에 질리게 될 것이다. 그러다가 어떠한 이유로 안락한 생활을 할 수 없게 되면 아이는 불행해질 것이고, 아이와 함께 당신도 불행해질 것이다. 무엇보다 가장 최악의 상황은, 인생의 중대한 시기에도 나태함으로 인해 인간의 존엄과 진리와 의무를 포기할 마음을 먹는 것이다.

그러므로 우리는 아이들을 단순하게, 아니 엄하게 키워야 한다. 아이들에게 가난마저 견뎌낼 수 있는 인내를 가르치자. 아이들에게 진수성찬이나 안락함을 제공하기보다, 딱딱한 곳에 누워서도 피곤함을 견뎌낼 수 있도록 가르치자. 이렇게 함으로써 우리는 아이들을 독립적이고 건실한 사람으로 키워낼 수 있다. 안락함에 자신을 파는 일도 없고, 나아가 행복을 누리는 활기는 누구에게도 뒤처지지 않을 사람으로 말이다.

너무나도 안이한 생활은 삶에 권태를 가져올 뿐이다. 이러한 환경에서 자라난 아이는 약삭빠르고 교활하며, 환멸을 느끼는 어른이 되어 무엇을 해도 즐기지 못하게 된다. 오늘날 이런 부류의 아이들이나 젊은이들이 얼마나 많은지 모른다. 그들에게는 우리의 늙음과 슬픔, 우리의 회의주의, 우리의 갖가지 악덕과 더불어 그들이 우리와 함께 하면서 익힌 갖가지 악습관이 불쾌한 곰팡이처럼 들러붙어 있다. 이런 의기소침한 젊은이들은 우리 자신을 반성하게 만든다! 그들의 이마에 새겨진 경고를 보라! 그 경고는 우리가 자식을 키웠던 방법과는 대조를 이룬다. "행복은 살아 있는 사람이 되는 데 있다." 활동적이고 과감하며, 욕정과 부자연스러운 욕망과 병적인 자극 등에 오염되지 않고, 햇볕과 호흡하는 공기를 즐기는 힘을 가지며, 단순하며 아름다운 것을 사랑하고 느낄 수 있는 진정 살아 있는 사람이 되는 데 행복이 있다고 말이다.

부자연스러운 삶은 부자연스러운 생각과 어눌한 말을 낳는다. 건전한 습관, 강렬한 인상, 현실과의 부단한 접촉은 저절로 솔직한 말과 행동을 가져온다. 거짓말은 노예의 악덕이며, 비열한 사람들이나 유약한 사람들의 피난처이다. 자유롭고 굳센 사람은 말을 할 때 위축되지 않는다. 우리의 아이들이 솔직하게 말할 수 있는 대범함을 갖도록 용기를 북돋아주어야 한다.

그런데 보통 우리는 어떻게 하고 있는가? 대중에게는 품위와 동일어가 되어버린 획일을 향하여, 아이들의 성격을 짓밟고 획일화시키고 있다. 자신의 정신으로 생각하고, 자신의 마음으로 느끼고, 진짜 자신을 표현하는 일을 두고 이 무슨 작법도 없는 촌스러운 일이냐고 업신여기는 것이다.

우리 각자의 존재 이유를 이루는 유일의 것을 우리 안에 가두고 끊임없이 짓누르는 교육을 어찌 교육이라고 할 수 있겠는가! 우리는 이런 흉포한 교육으로 얼마나 많은 영혼을 죽이고 있는 것일까! 어떤 영혼은 몽둥이로 때려죽이고, 또 어떤 영혼은 질식해 죽인다. 모두가 공모해 독립적인 인격을 만들지 않으려는 것처럼 말이다. 획일적으로 어린아이일 때는 인형이나 형상처럼 가만히 있기를 강요하고, 성인이 되어서는 세상의 모든 사람과 마찬가지로 로봇처럼 행동하기를 강요한다. 사람들과 똑같이 행동하지 않으면 사람들에게 사랑받지 못한다는 듯이 말이다. 이 로봇은 하나를 보면 전부를 알 수 있다. 이에 대한 결과로, 우리의 삶은 독창성과 창의성은 결여되고, 진부함과 단조로움으로 특징지어지게 되었다.

진실은 우리를 해방시켜줄 수 있다. 우리 아이들에게는 자기 자신을 지키고, 망설임 없이 속마음을 표현할 수 있도록 가르쳐야 한다. 또 신뢰와 성실이 필요함을 아이들에게 가르쳐야 한다. 가령 아이들이 어떤 중대한 잘못을 저질렀다 해도 아이들이 그 잘못을 인정한다면, 자신의 죄를 숨기지 않고 솔직히 이야기한 것은 훌륭한 일이라고 말해주어야 한다.

—

교육자로서 우리는 솔직함에 천진함을 더해 아이들을 배려해야 한다. 조금 거칠고 버릇없긴 하지만, 너무도 따뜻하고 너무도 친절한 우리의 친구인 아이들에게 가능한 만큼의 배려를 해야 한다. 아이들을 겁에 질리게 해서는 안 된다. 아이들은 일단 한 장소에서 도망쳐 버리면, 다시 돌아오는 일이 거의 없다.

천진함은 진리와 짝을 이루며, 우리 각자의 개성을 지켜줄 뿐 아니라, 교육하는 데 있어 유익한 힘이기도 하다. 그런데 우리의 주위에는 실증주의자라고 자칭하는 이들이 너무 많다. 그들은 소름 끼치는 안경과 커다란 가위로 무장하고 천진한 것을 들추어내며, 그 천진한 것의 날개를 찢는다. 그들은 생활에서 사상에서 교육에서 천진함을 싹 쓸어내고, 꿈의 영역에서까지 천진함을 몰아내려고 한다. 또한 그들은 자신의 아이들을 어른으로 만들겠다는 구실 아래, 아이들이 아이들로 있는 것을 막아선다. 가을에 과실이 익기까지 꽃이 피고 향기가 나고 새의 노래가 들리는 꿈과 같은 봄의 계절은 필요 없다는 듯이 말이다.

아이들의 곱실거리는 머리 주변에서 하늘거리는 천진난만한 귀여움을 위해, 전설이나 천진한 노래, 불가사의하고 신비로운 세상의 이야기를 위해 나는 천진하고 단순한 것에 관대해지기를 바란다. 아이에게 있어 불가사의하고 신비로운 세계는 무한함을 의식하는 첫 번째 형태다. 무한함을 잊은 인간은 날개가 잘린 새와 같다. 아이들이 사라진 시대의 고결하고 가슴 뭉클하게 하는 상징들을 훗날 바르게 평가하는 능력을 가질 수 있도록, 아이가 그 신비의 세계를 누릴 기회를 빼앗지 않도록 해야 한다. 우리의 무미건조한 논리로는 결코 바꿀 수 없는 표현들이 인간의 진심으로 그 상징들에서 발견되었기 때문이다.

결론

나는 단순한 삶의 정신과 그 실천법을 충분히 제시하고, 거기에는 하나의 잊힌 힘과 아름다움의 세계가 있다는 것을 독자에게 보이고 싶었다. 우리의 삶을 방해하고 있는 쓸데없는 것들을 물리칠 수 있을 만큼의 힘을 가지고 있는 사람들이라면 단순한 삶을 살 수 있을 것이다. 몇 가지 표면적인 만족과 몇 가지 철부지 같은 야심을 단념한다면 그만큼 행복을 누리는 힘과 정의를 행할 힘이 늘어난다는 사실을 이해하는 데는 그리 오랜 시간이 걸리지 않을 것이다.

이러한 결과는 공적인 생활과 마찬가지로 사적인 생활에도 영향을 미친다. 이름을 알리고 싶은 병적인 열망과 싸우거나 자기 욕망의 만족을 활동의 목적으로 하지 않고 단순한 생활로 돌아오면 우리의 가정이 더욱 단단해진다는 것에는 반론의 여지가 없다. 그렇게 되면, 지금까지와는 다른 정신이 우리 가정에 깃들고, 새로운 풍습과 아이의 교육에 한층 더 좋은 환경이 조성될 것이다. 그리하여 점차 우리의 자녀들은 더 높지만 실현하기 쉬운 하나의 이상으로 인도되어 가는 것을 느낄 수 있을 것이다.

이처럼 가정 내부의 변화는 결국에는 공공의 정신에도 영향을 미친다. 벽의 견고함이 돌의 크기와 돌을 붙이는 시멘트의 밀도에 달린 것처럼, 공적인 생활의 에너지는 시민의 개인적인 가치와 시민의 결속력에 달려 있다. 현대의 사회조직은 모든 것이 이 문제로 귀결된다. 이 문제를 소홀히 함으로써 우리는 진보의 혜택을 잃어버릴 수도 있다. 심지어 우리의 가장 지속적인 노력이 우리를 곤란하게 만들 수도 있다. 도구가 계속해서 완벽해지더라도 노동자의 가치가 저하된다면, 그 노동자가 가진 도구가 무슨 쓸모가 있을까? 도구의 우수성만 믿고, 무분별하게 양심도 없이 도구를 사용하는 노동자의 허물이 명백하게 두드러질 뿐이다.

현대의 기계의 톱니바퀴들은 대단히 정교하다. 부주의와 무능과 부패 등이 과거 사회의 다소 기본적인 기계에 미친 영향과 달리, 현대의 기계에는 중대한 문제를 야기할 수 있다. 그러므로 우리는, 이 기계화된 현대사회의 움직임에 크든 작든 공헌해야 할 개인의 성질에 주의해야 한다. 이 개인은 다부지면서도 동시에 유연했으면 좋겠다. 그리고 자기 자신을 잃지 않으면서 이웃을 사랑할 수 있는 삶의 중요한 원칙을 따르는 사람이면 좋겠다. 이러한 삶의 원칙의 영향하에서는 우리 내부의 것도 우리 외부의 것도 모두 단순화되고 통일된다. 우리의 본질적인 이해는 상반되는 것이 아니라 동일한 것이기 때문에 이 원칙은 모두에게 적용되고, 모두가 이 원칙에 따라 행동해야 한다. 그러므로 단순함의 정신을 기르면, 공적인 생활에서의 사람과 사람의 관계는 한층 긴밀해질 것이다.

공적인 생활에서 보여지는 분열과 파멸의 여러 현상들은 모두 동일한 원인, 즉 결속력과 응집력의 결여로 인한 것이다. 계층이나 파벌이나 교단 등의 사사로운 이해집단의 승리나 개인적인 행복을 향한 지독한 추구가 사회의 행복을 가로막고, 개인의 행복마저 파괴한다는 사실은 결코 말로 다할 수 없을 지경이다. 각자 자기의 개인적 행복만을 신경 쓰는 사회는 조직화된 무질서나 다름없다. 타협하지 않는 이기주의의 충돌로 우리가 얻게 된 교훈은 이것뿐이다.

우리는 자신의 가족의 명예를 구하기 위해서가 아니라, 자기 가족에게서 이익을 구하려고 할 때만 가족을 내세우는 사람들과 너무나도 닮아 있다. 우리는 사회의 어떤 계급에게든 자신의 권리를 요구한다. 모든 사람이 자신이 채권자라고 하는데, 스스로 채무자라고 인정하는 사람은 아무도 없다. 다른 사람들과 관계를 맺는 이유는 아마도 그들에게 때로는 상냥하게 때로는 오만하게 그들에게 빚 독촉을 하기 위함인 듯하다. 이러한 마음가짐으로는 좋을 게 없다. 이는 특권의식에 불과하기 때문이다. 특권의식은 보편적인 법칙의 영원한 적이며, 우리가 서로를 이해하는 데 끊임없이 훼방을 놓는 방해꾼이다.

—

프랑스 실증주의 대표자의 한 사람인 르낭은 1882년에 '국민이란 무엇인가?'라는 주제로 펼쳐진 강연에서, 국민이란 '하나의 정신적 가족'이라고 말하고, 이렇게 덧붙였다. "국민의 본질은 모든 개인이 많은 것을 공유하는 동시에 또한 모두가 많은 것을 잊었다는 것이다."

　과거뿐만 아니라 매일의 일상생활에 있어서도, 무엇을 잊어버리고 무엇을 기억해야 할지 아는 것은 매우 중요하다. 우리를 멀어지게 만드는 것은 우리의 기억 안에 잔뜩 남아 있지만, 우리를 묶어주는 것은 우리의 기억에서 사라져가기 때문이다. 우리는 자신의 부수적인 특징, 이를테면 자신은 경작자라든가, 부르주아라든가, 또는 어디의 당원이라든가, 신도라든가 하는 일 따위는 가장 확실한 기억창고에 저장해두고, 이를 정확히 의식하고 있다. 하지만 우리의 본질적인 특징, 즉 한 나라의 자식이며, 인간이라는 사실은 어둠 속으로 몰고, 이론상의 개념만을 가지고 있을 뿐이다. 결국 우리의 마음을 차지하고 우리의 행동을 결정하는 것은, 우리를 타인과 구분해주는 것들이다. 우리와 다른 사람들을 한 민족으로 이어주는 결합의 정신은 존재할 여지가 없는 것이다.

또한 우리는 이웃인 '형제자매'에 대해 나쁜 기억을 심어놓기도 한다. 이기적이고 배타적이며 오만한 정신으로 불타는 사람들은 매일 서로의 감정에 상처를 입힌다. 그들은 마주칠 때마다 자신들의 적개심을 의식적으로 상대에게 드러낸다. 이 때문에 그들은 서로의 악의와 경계심, 원한의 기억만이 서서히 쌓여간다. 이것은 전부 나쁜 정신의 결과다.

우리는 이처럼 나쁜 정신을 모두 물리쳐야 한다. 우리는 매일 아침마다 모든 일에 앞서, 나와 관계된 사람들과 나 자신에게 이렇게 외쳐야 한다. "기억하라, 잊어라!" 본질적인 것은 기억하고, 부수적인 것은 잊으라는 뜻이다. 평범한 사람이든 높은 지위에 있는 사람이든 간에 이러한 마음가짐으로 살아왔다면 그 사람은 시민으로서의 의무를 한층 잘 완수했을 것이다! 또한 이웃의 마음에 친절한 행위의 씨앗을 심는다면 우리는 이웃의 마음에 좋은 추억을 심어줄 수 있을 것이다! 단, 이웃이 마음에 증오를 품고 "기억해둬라, 결코 잊지 않을 것이다!"라고 말할 수밖에 없을 정도로 우리가 그들에게 나쁜 짓을 하지 않는다면 말이다.

단순함을 추구하는 정신은 너무나도 위대한 마술사이다. 그 정신은 가시 돋친 곳을 바로잡고, 심연 위에도 다리를 놓아 사람들의 손과 마음을 연결해준다. 이 세상에서 단순함을 추구하는 정신은 무수한 형태로 나타나며, 지위나 이해관계나 편견이라는 숙명적인 장애를 넘어서서 나타나며, 최악의 장애물도 넘어설 수 있다. 그리하여 어떤 점에서든 서로 멀리 떨어져 있는 듯 보이는 사람들을 이해시키고 존중하게 만들며 사랑을 이끌어낼 때 나는 진정으로 단순함의 힘에 감탄하게 된다. 이때야말로 비로소 사회에 유대가 생겨나고, 이 결속에 의해서 비로소 하나의 국민이 되는 것이다.